物流管理高技能人才培养探究

第二版

郑志军 著

暨南大学出版社
JINAN UNIVERSITY PRESS

中国·广州

图书在版编目（CIP）数据

物流管理高技能人才培养探究/郑志军著. —2 版 . —广州：暨南大学出版社，2014. 9

ISBN 978 -7 -5668 -1151 -6

Ⅰ. ①物…　Ⅱ. ①郑…　Ⅲ. ①物流—物资管理—人才培养—研究　Ⅳ. ①F252

中国版本图书馆 CIP 数据核字(2014)第 203600 号

出版发行：暨南大学出版社

地　址：中国广州暨南大学
电　话：总编室（8620）85221601
　　　　营销部（8620）85225284　85228291　85228292（邮购）
传　真：（8620）85221583（办公室）　85223774（营销部）
邮　编：510630
网　址：http：//www. jnupress. com　http：//press. jnu. edu. cn

排　版：广州市天河星辰文化发展部照排中心
印　刷：佛山市浩文彩色印刷有限公司

开　本：787mm×960mm　1/16
印　张：13. 25
字　数：232 千
版　次：2013 年 6 月第 1 版　2014 年 9 月第 2 版
印　次：2014 年 9 月第 2 次

定　价：32. 00 元

序

物流师是我国物流管理高技能人才队伍的重要组成部分，物流预备技师是为确保物流师培养质量而提出的一项新的举措。本书作者以实践者的视角作为切入点，细致地阐述了物流预备技师的研究背景、研究内容和方法以及职业定位，详尽地介绍了物流预备技师的培养模式，并重点诠释了物流预备技师教学体系的构建和企业实践两大主体内容，其中引入的以工作过程为导向的项目课程体系、教学方法和企业技师工作站的建设呈现了物流预备技师培养的创新性成果。如在培养方式上，新体系摒弃了传统培养方式所采用的简单课堂模拟教学或在学校实训室内采用的简单模拟操作等，采用了工学结合、校企合作的方式，实行双导师制，由校企双方共同评价、培养物流预备技师。又如在教学模式上，课堂教学摒弃了传统的知识讲授方式，以物流企业工作过程为导向，以项目为活动载体，以“知识、技能、职业素养”综合职业能力为培养目标，以典型产品（物流服务）为载体来设计教学活动；以职业技能鉴定为参照，强化技能训练，以行动导向教学方法进行课程实施；在实践教学过程中采用了全国首创的企业技师工作站模式，通过学生完成企业的真实研究项目，实现产学研一体化的预备技师培养。

本书充分展现了物流管理专业紧跟社会发展的需要，准确把握行业发展的脉搏，具有在物流预备技师培养中贴近市场、贴近企业的特点。在产学研结合方面，经过长期不懈的探索、研究和实践，形成了有自身特点且可以作进一步推广的物流管理高技能人才培养与创新模式，这是物流预备技师培养研究与实践成果的综合体现。本书既有在实际调研基础上的理论分析，又有来自实践，通过归纳、提炼形成的实际工作模式的介绍，同时还给出了大量实际应用案例。其教学改革成果为国内高等院校、职业院校、技工院校物流管理专业高技能人才的培养和专业建设提供了颇具价值的参考和借鉴，为推动我国物流管理高技能人才的培养和创新作出了积极有益的探索和努力。

中国物流与采购联合会副会长

全国物流职业教育教学指导委员会主任

任豪祥

2013 年 3 月 12 日于北京

再版前言

随着我国产业转型升级的大力推进，客观上要求加速我国职业教育的发展与变革，国家教育改革方向也已经明确，今后一段时期将以建设现代职业教育体系为突破口，对教育结构实施战略性调整，我国大多数院校将以培养应用型、技能型人才为主要目标，这将是我国教育史上的又一次重大变革。其重点是教、产结合，核心是课程与教学模式的改革，通过提高毕业生的综合职业能力以满足产业发展对人才的需求，从根本上解决我国就业结构型矛盾的问题，实现产业转型升级驱动下的教育改革带来的“人才红利”。

作者以物流管理高技能人才培养为背景，将近十年来的教学改革实践成果进行了分析总结，本书主要内容涵盖职业功能模块教学体系开发、一体化项目课程教学改革、实训教学系统设计、企业生产实际教学案例编写、校企合作平台建设、企业实践教学创新等当前教学改革的重点和难点内容。本书于 2013 年 6 月出版发行以来受到广大读者的欢迎，2014 年 3 月暨南大学出版社根据市场需求提出再版建议。为了与读者分享最新的教学改革成果，再版中更新了师资队伍建设、校企双评价、课程体系结构、一体化项目课程开发与课程实施等部分内容，补充增加了企业真实项目教学案例和综合实训项目开发案例等内容。本书既可作为职教工作者教学改革的参考书，也可作为教学工具书，希望能给读者带来帮助，同时也恳请读者对书中的不足之处进行批评指正。

作者始终认为，一部教学改革题材著作的成功，其理论研究固然重要，但更重要的是研究成果指导实际工作取得的成效，具有实际成果支撑的研究才更有生命力。作者及作者所带领的物流专业教学团队多年来持续的教学改革创新，在物流管理高技能人才培养上取得了丰硕成果，累计取得16项省部级教科研成果奖，物流专业毕业生，连续8年就业率达到100%，专业对口率达到93%，2013年毕业生的平均就业工资达5 100元，良好的办学效果受到社会各界的好评。作者所在学院先后被教育部确定为“中央财政项目物流职业教育实训基地”，被教育部全国物流行业教学指导委员会和中国物流与采购联合会联合授予“全国物流职业教育人才培养基地”，被中国物流生产力促进中心评为“中国物流创新教学示范院校”，被中国交通企业协会评为“中国物流教学示范基地”，被广东省邮政管理局授予“快递人才培养基地”。本书再版之际，作者再次感谢人力资源与社会劳动保障部门、教育部门的各级领导和国家邮政局领导的关心和指导！感谢相关行业协会领导和企业专家的热情参与和真诚合作！尤其要感谢深圳技师学院的领导和同事们在工作中给予的大力帮助和配合！同时也要特别感谢我的家人，谢谢你们对我工作长期一贯的支持！

郑志军

2014年5月28日于深圳

校企合作共建物流预备技师工作站研讨会

与顺丰速运签订校企合作培养物流师协议

“周大福奖学金”颁奖仪式

法国职业教育代表团前来交流

物流技师班学生在 UPS 技师工作站获公司总部嘉奖

与专家顾问委员会合影

目　录

第一章　导　论

第一节　物流预备技师人才培养的研究背景

一、物流产业的发展趋势

物流是指原材料、产成品从起点至终点及相关信息有效流动的全过程。它将运输方式、运输工具、加工、整理、装卸、搬运、配送、信息等有机结合，形成完整的供应链，为用户提供一体化、多功能的综合服务。物流业作为一种新型产业，从功能和运作环节来看，主要包括交通运输业、仓储业、配送业、运输代理业、物流咨询及信息服务业等，它们构成了现代物流业的五大行业。

物流产业的发展之所以受到国际社会的重视，其原因在于物流产业的发展对现代社会的经济发展具有重要意义，并成为促进经济发展的“加速器”。首先，物流产业发展在促进制造业产品成本降低、经济效益提高的同时，也调整了制造业企业传统的“大而全、小而全”的经营组织形式，从而有助于其核心竞争能力的提高。其次，物流产业的发展能够促进新型商业企业和业态形式的发展。再次，物流产业能够促进运输服务方式的创新和传统运输企业的发展。同时，物流产业的发展还会带动和促进许多相关领域的发展，如物流设备制造行业、以互联网技术为基础的电子商务等。特别是最近十多年来，现代物流的产业地位得以确立，物流企业群体加速成长，物流集聚区逐步形成，物流运作的设施设备、信息化水平、行业基础工作和政策环境均有了较大改善，物流业出现了持续平稳快速发展的势头。

（一）企业物流社会化与专业化的发展趋势

在物流需求扩大、生产成本上升的压力下，越来越多的制造企业开始从战略的高度上重视物流功能的整合。2007 年 9 月，在国家发展和改革委员会组织召开的“首届全国制造业与物流业联动发展大会”上，100 多家企业提供了书面材料，400 多人出席会议，12 对著名制造企业与物流企业当场签署了合作协议。

企业物流的专业化趋势也相当明显。不少企业，特别是商贸企业正在加大投资力度，强化自身物流功能，几乎所有大型连锁企业都在力图优化自身的专业供应链。一些具有强势品牌的生产企业，如海尔、联想、双汇等都已发展了大批连锁专卖店，并相应地发展了自身的物流配送网络。制造企业对第三方物流企业提出了面向高端的物流服务需求，要求物流企业能够提供专业化的解决方案和运作模式。

（二）物流企业规模化与个性化的发展趋势

据国家发展和改革委员会、国家统计局和中国物流与采购联合会联合发布的《2007 年全国重点企业物流统计调查报告》显示，随着物流服务需求的高速增长，物流企业的业务量上升较快。根据本次调查的结果，国家发展和改革委员会、国家统计局和中国物流与采购联合会联合公布了 2007 年主营业务收入前 50 名的被调查物流企业名单。与 2006 年发布的名单相比，这个名单上主营业务收入在 30 亿元以上的企业由 2006 年的 13 家上升到 18 家；20 亿元以上的由 2006 年的 18 家上升到 24 家；10 亿元以上的由 2006 年的 34 家上升到 35 家；位列第 50 位的企业业务收入由 2006 年的 3.55 亿元提高到了 6.22 亿元。其中虽有统计范围逐步扩大的原因，但仍然可以看出物流市场集中度上升和物流企业规模扩大的发展趋势。

物流企业个性化发展的趋势，主要表现为传统服务的整合和专业化服务的创新。普通型的低端服务利润会越来越薄，而创新型业务、增值型业务和适合客户需要的特色服务将会获得更大的发展空间，专业化物流的发展会更加深入。制造、商贸企业对供应链管理的重视，将会推动物流企业向专业领域渗透，加速其与供应链上、下游的联动。物流企业也会针对客户个性化的需求，大力发展增值型、创新型业务，自主物流服务的品牌价值将会越来越重要。

（三）物流市场细分化与国际化的发展趋势

各行业物流的规模、结构和要求不同，其物流需求的速度、成本和服务也有很大差别，这就加速了物流市场的细分化。从各行业物流费用率的差异来看，工业生产行业中物流费用率较高的是橡胶制品业、家具制造业、造纸及纸品业、煤炭开采和洗选业及农副产品加工业等行业；流通企业中物流费用率较高的是纺织服装日用品零售、文体用品零售、综合零售和食品饮料烟草零售行业。相对来说，物流费用占销售额比例较高的行业，采用现代物流方式的压力和动力就会比较大。中国作为世界第二大贸易国和经济体，中国的物流市场正在成为国内外企业关注的重点和投资的热点。一些国际化的企业将会加快并购中国的企业，完善在中国的网络布局，中国的物流网络将会逐步成为全球供应链网络的一部分。同时，随着全球化资源配置的推进和中国劳动力成本等方面优势的减弱，国外企业也会把产业转移的目标选择在其他的发展中国家。面对进入国际化竞争的中国物流市场，国内大型物流企业将会加快资源重组，组建具有国际竞争力的企业集团，随同中国的产品和服务一起“走出去”，物流业的国际化程度也将会进一步提高。

（四）区域物流集聚与扩散的发展趋势

区域物流集聚主要表现在：一是围绕沿海港口形成的“物流区”，除传统的广州、大连、上海、青岛、天津等地以外，处于海峡西岸的厦门港和处于欧亚大陆桥最东端的连云港，特别是处于北部湾地区的南宁、北海、钦州、防城港等地都成了热门的物流区。二是围绕城市群崛起的“物流带”，如成渝地区的综改试验区，武汉周边的“两型社会”试点，辽宁中部城市群，黑龙江的哈尔滨、大庆、齐齐哈尔，湖南的长沙、株洲、湘潭等。三是围绕产业链形成的“物流圈”，如青岛的家电、长春的汽车、上海的钢铁及汽车和化工等。

区域物流扩散的“热点”有：一是配合国家区域经济发展战略，东部沿海地区物流发展得以稳步提升，物流服务向中西部地区渗透和转移。二是农产品进城和日用工业品及农用生产资料下乡推动的城乡“双向物流”，带动了现代物流方式由城入乡的扩散。三是大量依靠国外进口的资源型企业由内地向沿海外迁，以优化产业布局，降低物流成本。四是区域间物流合作逐步加强，特别是“长三角”、“珠三角”、“环渤海”、“北部湾”地区和“海峡两岸”的物流合作可望有实质性的进展。

（五）物流信息集成化与移动化的发展趋势

中国的公共信息平台经过了几年的探索已逐步走向成熟。一是电子商务物流平台。2007 年中国 B2B 电子商务交易规模达到 12 500 亿元人民币，较 2006 年增长 25.5%；B2C 电子商务市场营收规模达到 52.2 亿元人民币，较 2006 年增长 33.5%。钢铁、煤炭、粮食等大宗商品批发市场以及新兴的电子商务企业，利用电子商务平台信息技术，得以发展壮大。二是物流园区信息平台。一种是在园区内建立信息平台，让进驻的企业共享信息；另一种是以园区复制的模式，即把成功的园区模式推广到其他区域，并开展联网经营。三是电子口岸平台。它可以实现一个门户入网、一站式通关服务、统一用户管理，为用户提供高品质、多功能、全方位的口岸通关服务。四是政府监管物流平台。这几类信息平台在政府和企业的双重推动下，还会获得快速发展。网络运营商为寻找新的业务增长点，纷纷将服务和竞争的触角伸向物流信息化应用市场。例如，中国联通推出了专业服务品牌“物流新时空”；中国移动推出了物流行业移动信息化解决方案；中国网通以供应链管理系统为核心，定制整合物流行业解决方案；中国电信则推出“一站式”服务，利用信息技术来改造传统物流方式。移动与物流的结合，显示了物流信息化的新趋势。

（六）物流发展的政策环境更加宽松的发展趋势

2008 年 3 月，国务院办公厅发出《关于加快发展服务业若干政策措施的意见》，提出了促进服务业发展的具体政策措施。政府有关部门将会按照党中央、国务院的要求，加大对物流业的政策支持力度。一是国家发展和改革委员会正在研究提出推动物流业与制造业联动发展的政策措施；二是商务部已经出台《关于加快流通领域现代物流发展的指导意见》；三是各有关部门将会研究解决物流企业发展中遇到的交通、税收、土地和融资等现实问题，新一批物流企业营业税差额纳税试点企业将获批；四是有关部门将会继续推进铁路、公路、民航、水运等基础设施建设，特别是综合运输体系和物流信息化建设；五是进一步研究打破区域间的市场壁垒，推进区域间物流合作；六是重点领域、重点行业和重点品种的物流发展将会得到政策扶持；七是物流标准、统计、人才教育培训和理论研究等物流行业基础性工作以及物流企业信用等级评价体系将会进一步完善。

二、物流产业发展对国民经济的主要贡献

（一）物流产业的发展将成为中国经济发展的重要支撑和新的经济增长点

物流产业发展的历史和国际经验表明，物流产业作为新兴的服务行业，已经进入全面快速发展阶段。相较而言，中国的物流产业仍处在起步阶段，但在相当一部分领域和地区已经表现出快速发展的趋势和潜力。

从物流的细分市场来看，物流产业发展迅速的领域主要集中在：一是以“三资”企业、私营企业等非国有经济为服务对象的“第三方物流”将继续呈现快速发展势头；二是一些优势国有企业在优化内部物流管理的基础上，逐步产生和发展的物流服务需求。上述两类企业对高效的专业化、社会化物流服务的市场需求将成为支撑中国物流产业发育与发展的主要市场基础。此外，以消费者为对象的物流服务，如商品快运服务、配送服务等也得到了快速发展，这一方面是我国城乡居民生活水平和生活质量不断提高的一种必然反映，另一方面也是市场竞争和商业流通方式不断创新的内在要求。

从专业物流企业的发展来看，一是越来越多的外资物流企业进入中国。加入WTO之后，我国在公路货运、商品分销、仓储设施等领域的开放，为从事物流服务的外资企业进入中国市场提供了多样化的可能。这些外资物流企业在进入中国市场后的一段时期内仍将以服务外资企业特别是跨国公司在中国的生产、销售和采购等方面的物流活动为主。外资物流企业的进入给中国国内物流企业带来了巨大的挑战和竞争压力，但同时也为国内物流企业提供了学习、借鉴其先进物流管理技术和经营经验的机会，这对促进中国物流产业的整体发展是十分有益的。二是民营企业、多元化股权结构的新兴物流企业发展迅速。这类企业的经营观念、机制、管理方式等能够适应市场快速发展的要求，在合理使用和组织各种物流资源方面优势明显，企业规模和市场份额的扩展都十分迅速，是中国未来产业发展进程中最为活跃的部分。三是国有经济中的部分传统运输、仓储、批发企业，在其原有业务领域的基础上涉足物流服务领域，成为物流产业中强有力的竞争者，其中也会有一些企业脱颖而出，逐渐成为专业化物流服务企业。

从物流的区域市场发展来看，经济发展迅速和比较活跃的地区，其物

流产业的发展将快于其他地区，特别是沿海开放城市、重要的枢纽城市和中心城市等成为区域物流市场快速发展的主要基地。可以如此认为，随着中国经济的快速发展和经济体制改革的不断深化，中国物流产业将出现加速发展的趋势，其在中国国民经济中的地位将不断提高，它也将成为国民经济中的一个重要组成部分和新的经济增长点。

（二）物流产业的发展将从整体上改善国民经济运作效率，直接提高全社会的经济效益

与欧美发达国家相比，我国物流总成本约相当于 GDP 的 16.7%。这说明，目前中国经济运行的物流成本远高于欧美发达国家，物流领域的管理水平和效率还比较低，但同时也说明我国物流成本的节约空间还非常大。近年来，山东等地开始了以优化企业物流管理为切入点的推进物流产业发展的试点工作，青岛啤酒、海尔集团、山东东大药业等优势企业通过整合物流资源、完善产品配送服务系统、采用第三方物流服务等，在降低企业物流成本、减少资金占用、降低原材料和产品库存水平以及促进传统储运企业向物流企业转变等方面取得了非常显著的成效。仅青岛啤酒一家企业就降低了物流费用 3 900 万元，其中，仓库面积由原来的 7 万平方米减少到 2.96 万平方米，库存下降使资金占用下降了 3 500 万元，仓储费用下降了 187 万元，市内运输周转费用降低了 189.6 万元。发展物流服务业，提高运输效率，加快商品周转，减少资金占用及其利息支出，可以在相当程度上提高全社会的物流效率，降低物流成本。

（三）物流产业发展将促进国民经济各产业部门的健康发展

首先，物流产业发展在促进制造业降低产品成本、提高经济效益的同时，也调整了制造业传统的“大而全、小而全”的经营组织形式，提高了制造业企业核心竞争力。例如，近年来，海尔集团在推进其物流改革的过程中，在重新规划了企业内部的物流体系和销售物流系统的同时，大力调整了企业内部的物流组织，成立了物流推进部门，将原来分散在采购部门、生产部门和销售部门的物流管理职能集中起来，在专业化物流公司的帮助和指导下，建立了以立体库为核心的企业内部零配件供应物流管理系统，重新调整了各地区销售公司的物流流程；通过建立企业内部的 ERP 信息管理系统和推进物流器具的单元化、标准化，形成了以海尔为中心的物流运作系统和独特的物流管理系统，它成为海尔在竞争中不断发展的一个

核心竞争力。

其次，物流产业的发展能够促进新型商业企业和业态形式的发展。随着流通体制改革的不断深入，传统的批发企业和储运企业早已经不能适应目前市场发展的要求，它们都在寻求新的市场发展空间。如广州商业储运公司、中储股份有限公司和上海物资集团等，近年来都在尝试将业务向物流服务领域延伸，这样既可以发挥企业原有的业务优势，又大大提高了企业物流设施的利用效率和客户服务水平，为传统企业赢得了新的发展空间和利润来源。同样，在零售企业中，特别是近年来迅速发展的连锁商业中，大型连锁商业企业内部的物流配送工作和为中小连锁企业提供服务的物流配送中心的发展也十分迅速，多数连锁企业统一采购、统一配送的比例有较大幅度的提高，连锁经营的规模经济优势开始显现出来。

再次，物流产业能够促进运输服务方式的创新和传统运输企业的发展。这主要表现在：一是物流服务需要多种运输方式的集成，为客户提供最合理的运输线路，从而最大限度地节约运输时间和成本。这将促进我国新型运输服务方式的发展，特别是多式联运的快速发展。二是物流服务的中心是满足市场需求，这将改变运输企业以运力为中心的经营观念，进而促进运输企业经营方式的改变。三是物流产业作为服务部门，其服务水平必须与现代经济的生产、贸易以及消费发展水平相适应，这就要求运输企业要大力引入现代化管理手段和技术手段，通过提高管理水平和技术水平，获得新的发展空间。

此外，物流产业发展还会带动和促进许多相关领域的发展，如物流设备制造行业和以互联网技术为基础的电子商务等。

（四）物流产业发展将有助于提升我国的国际竞争力

一方面，发达的物流产业和基础设施有助于改善投资环境，吸引更多的外国企业和国际资本进入中国市场。目前，许多跨国公司和国际先进企业在选择新的区域市场和生产基地时，都非常注重当地的物流设施和物流服务水平。例如，以直销商业模式闻名的美国戴尔计算机公司（Dell），为适应其快速发展的需要，选择了田纳西州的纳什维尔市作为其新的生产基地，而没有选择其总部所在地德克萨斯州奥斯汀地区，其原因之一就是前者的物流基础设施和服务及当地政府给予的政策支持更具竞争力。由于戴尔公司总部所在地德克萨斯州奥斯汀地区经济发展较快，当地政府对基础设施的投资较为缓慢，使得运输等基础设施已不能适应企业的发展要求；

而田纳西州的纳什维尔市本身就是美国中部的交通枢纽，拥有快捷的配送网络，而且当地政府对戴尔公司的到来也给予了极大的政策支持，主要包括捐赠价值650万美元的生产用地，投资改善运输和电信等基础设施（仅对机场改建就投资1 000万美元），并给予其与创造就业机会相互结合的财产税减免政策。

另一方面，也是最为重要的一方面是，在中国已经加入WTO、中国经济融入世界经济一体化进程加快的背景下，无论是在国际市场还是在国内市场，我国企业都面临着巨大的、全方位的国际竞争压力。加快中国物流产业的发展已经不仅仅是强化物流领域的竞争力问题，更重要的是，要为民族企业和整个国民经济创造一个高效的物流环境，提供高水平的物流服务，从整体上提高民族企业和中国经济的竞争力，这对促进中国经济发展有着十分重要的现实意义。

三、物流产业发展对中国物流教育的影响

（一）物流业快速发展为物流教育带来机遇

我国现代物流业发展虽然起步较晚，但随着经济的快速增长，专业化的物流服务和物流基础设施建设有了很大的改善。物流企业通过资源整合逐步向第三方物流转型，出现了为工商业企业和消费者提供专业服务的现代物流企业。特别是经济发达地区的现代物流业走在了全国物流业的前列，如“珠三角”、“长三角”和“环渤海”地区的现代物流业。我国物流业的蓬勃发展，导致对物流人才需求的急剧增加，物流人才匮乏已经成为物流业发展的瓶颈。中国交通协会的统计数据显示，国内物流专业人才缺口为600万，目前物流从业人员拥有大学以上学历的仅占20%左右。而在发达国家，如美国，从事物流行业的人中90%以上具有大学学历。高素质人才是现代物流业发展的关键因素，这也为我国物流专业教育和物流从业人员的职业培训的发展带来了新契机和压力。

如果把高等院校开始介绍物流概念、开设物流管理课程或者培养物流管理专业的学生作为物流教育开始的标志，中国的物流教育始于20世纪80年代，被誉为“中国物流泰斗”的北京物资学院王之泰教授把“物流”这一概念首次引入高校课堂。2001年中国加入WTO后，随着经济全球化和科学技术的飞速发展，物流业作为国民经济中的新型服务业，受到了从

中央到地方的各级政府、企业以及各发达国家投资者的广泛关注。针对国内物流教育发展严重滞后这一现象，在中国物流与采购联合会的直接策划下，2001 年 8 月，“第一届全国高校现代物流教学研讨会”在武汉华中科技大学召开，会议提出“启动物流人才教育工程”，并向国家教育部提交了恢复“物流管理”专业的建议。鉴于国内对物流人才的迫切需求，2001 年，教育部批准物流管理专业作为目录外专业开始恢复招生，在这之前，全国开展物流教学的大学仅有 15 所。伴随着物流产业的发展，物流职业教育走过了十年的发展探索历程，物流学科建设和人才培养工作取得了丰硕的成果。我国已经建立起了从中职到高职、本科、硕士、博士的完善的物流学科和人才培养体系。从 2001 年到 2011 年，开办物流专业人才培养的本科院校已由当初的 15 所发展到 430 所，设“物流管理”、“物流工程”、“采购管理”三个专业，截至 2011 年底在校生人数为 105 071 人；高职院校由 2002 年的 75 所发展到 903 所，设“物流管理”、“物流工程”两个专业，截至 2011 年底在校生人数为 242 493 人；中职学校由 2003 年的 33 所发展到 867 所，在“物流服务与管理”专业下设“仓储与配送”、“运输业务”、“港口物流”、“物流客户服务”、“快递业务”等专业方向，截至 2011 年底在校生人数为 90 113 人。在此十年间，各类院校累计为社会各行业培养物流专业本科生 489 288 人，大专生 1 695 963 人，中专生 311 318人。

（二）现代物流业快速发展为物流人才需求带来新变化

经过多年的努力，随着物流业的发展，中国物流教育也已得到了长足发展。然而，物流人才尤其是企业基层物流人才的短缺现象还相当严重，这制约了现代物流业的进一步快速发展。曾有媒体报道，广东现有物流人才缺口达 20 万 ~ 30 万。其实，广东物流人才的短缺，并不是总量上的短缺，而是中高级物流人才的短缺，这说明我国人才队伍现状同新形势、新任务的要求还不相适应。这一状况若不能迅速地加以筹划解决，那么使物流产业成为 21 世纪中国新的经济增长点的目标将很难实现。因此，要着力发展物流产业，就必须重视物流人才资源的开发，优化人才培养结构，把物流人才的培养提到战略高度上来。

下面以深圳部分物流企业的调研数据为例，来说明深圳企业物流技能人才结构状况。

表 1－1　深圳物流行业从业人员基本情况

企业	初级技能以下		中级工		高级工		技师	
	人数比例	待遇	人数比例	待遇	人数比例	待遇	人数比例	待遇
赤湾港务	76.1%	4 000	13.4%	4 300	8%	4 500	2.5%	5 800
均辉华惠国际货运	0	0	5%	800	55%	2 500	40%	5 000
中快运	0	0	20%	3 000	74%	3 500	6%	6 000
创业兴国际货代	0	0	0	0	85%	3 400	15%	5 000
海格物流	2%	1 800	72%	2 500	24%	5 000	2%	15 000
顺捷物流	20%	1 800	28%	2 500	50%	2 800	2%	4 500
东方嘉盛	5%	1 000	15%	2 000	50%	2 500	30%	3 800
民航快递	5%	1 500	25%	1 800	60%	2 200	10%	3 500
星霖国际	12%	1 500	20%	2 500	38%	3 000	30%	5 000
海时捷货代	0	0	34%	2 000	36%	3 000	30%	5 000
递四方速递	2%	1 500	3%	2 500	55%	3 500	40%	5 500

注：待遇指每月工资收入，单位为元。（调研数据采集时间为 2008 年）

从表 1－1 可以看出：不同类型的物流企业对技能人才的使用情况差异较大。除深圳赤湾港务公司以外，物流企业的高级工所占比例较高，需求也较大；初级技能以下和技师占企业人数的比例较低。据相关企业人事经理介绍，造成物流企业技师所占比例低，但岗位薪水普遍较高这一现象的主要原因是技师人才的奇缺。这说明，随着物流企业的不断发展和高端物流技能型人才（技师）培养供给的增加，企业岗位中物流技师所占的比例将会越来越高，同时也说明未来物流企业对物流高端技能型人才的需求将会越来越大。

四、物流人才培养中存在的问题及其原因

（一）物流人才培养缺乏统一规划

我国的物流教育起步于20世纪80年代，截至目前，各种与物流相关的专业设置和教学计划分散于不同的院校及各种各样的培养机构当中，各院校及机构自行筹划设计课程体系且缺少相应的实践内容，物流专业设置过细、过专、过窄，缺乏系统规划，不利于学生综合能力的培养。教育内容及课程设置与物流企业岗位的实际需求差距较大。

（二）专业特色不明显，针对性不强

学科型教育的学术性不强，职业教育的“职业性”不强，专业建设缺少针对性，而企业内部培训或急功近利，或片面强调岗位操作技能，不利于培养复合型物流人才。许多院校培养的物流专业毕业生在企业中的适应性不强，发展后劲不足，甚至需要企业进行较长时间的“二次培训”。很多有深厚一线人才培养基础的专科院校向本科高校发展，导致高职高专院校强化了学术导向，淡化了技术教育的专业性和技能性，不利于一线高端技能人才的培养。

（三）师资力量不足，现有师资专业能力达不到发展要求

现代物流是一门实践性很强的学科，这就要求物流教师不仅要拥有全面的理论知识，同时也要有相当丰富的教学实践经验和物流企业实践经验。而如今，院校招聘教师过于强调学历，很多高职院校都要求教师至少要取得博士学位。这些物流教师虽然具备系统的理论知识基础，但大多缺乏物流行业的实际工作经验，在职业实践经验方面都较为欠缺。特别是一些实习实训教师，由于学校对他们实践技能方面的提升不够重视，导致他们缺少职业培训，较少能够得到最新的前沿技术训练，技术更新滞后，这些都影响了教学质量。

（四）教学内容及其方法手段与物流业发展的差距较大

近年来，一些高等院校结合我国的实际情况设置了一些新的课程，并对原有课程的教学内容进行修订，比较典型的是开设了电子商务、现代物

流学、供应链管理、仓储学等方面的课程。这些课程的设置使我国物流教育的内容及课程体系得到很大改善，物流教育与改革开放前相比有了长足的发展，但与国外物流业的发展状况相比，还存在一定差距。长期以来，我国物流教育的主要授课方式是课堂授课，注重对理论知识的传授，忽视了对学生综合能力的培养，导致学生动手能力、思维能力差。由于我国物流业的发展起步较晚，我国物流人才的培养模式也相对滞后，长期以来多数院校物流课程设置落后，授课内容与企业实际应用要求存在一定程度的脱节。具体到教学中，往往理论讲述多，实习实践少。理论与实践的严重脱节导致物流毕业生参加工作后不能很快进入角色，甚至很难找到专业对口的工作，从而出现了我国高等院校每年都有大量物流专业毕业生涌入人才市场却找不到合适工作，而很多企业又很难找到所需要的物流人才的奇怪现象。

五、技工院校培养物流预备技师人才的必要性与可能性

技师是我国高技能人才队伍的重要组成部分，在企业中发挥着解决生产和服务中的工艺难题、保证产品质量和培养年轻职工的重要作用。人力资源和社会保障部在相关文件中规定，预备技师是指具有高级工证书的高级技工学校或其他职业院校的毕业生，通过校企合作的形式进行培训，在考试合格后获得预备技师证书的人员。预备技师在企业工作两年后，通过企业组织的考评，且达到了技师的能力和水平之后，再正式换发技师证书。预备技师的人才培养定位为技师学院培养全日制预备技师创造了条件。

党中央国务院十分重视职业教育工作，明确把高技能人才的培养放在实施“人才强国”战略的重要位置。那么，作为技工院校，在实施“人才强国”的战略中如何发挥作用，如何培养出国家急需的物流预备技师这一种新型技师，是我们必须面对的新课题。

（一）技工院校培养物流预备技师的必要性

技工院校培养物流预备技师是我国社会经济发展的迫切需要。据相关调查资料显示，目前我国各类服务业中，仅物流从业人才的缺口就超过60万人。由于这些缺口的存在，国家人力资源和社会保障部提出了在完成“三年五十万”技师培养计划的基础上，力争于“十一五”期间在全国培养新技师和高级技师190万名，培养高级技工700万名，使高级技能水平

以上的高技能人才占技能劳动者的比例由20%提高到25%以上。其中，技师、高级技师比例由4%提高到5%以上，并带动中级和初级技能劳动者队伍梯次发展。这一目标仅靠企业职工培训、名师带徒和技师研修等方式是难以完成的，必须要通过技工院校培养预备技师这种方式才能实现。

（二）技工院校培养物流预备技师的可能性

第一，传统制造业用手艺、时间“换”加工精度；用经验“换”复杂生产问题的解决能力；用劳动者的责任“换”产品质量。而现代制造业则用设备的精度“换”产品精度；用人的智力和计算机技术解决生产过程中的复杂问题；靠工艺和严格的工艺纪律保证产品质量。这一转变赋予高技能人才及其培养以新的内涵。它要求打破传统观念，在高技能人才培养过程中既重视基本操作技能训练，又注重创造性智力、技能开发；既重视某个专业工种技能训练，又注重复合技能培训；既重视传统操作技能训练，又注重新技术、新工艺、新设备应用能力培养。这种现代高技能人才的特点使技工院校培养物流预备技师成为可能。随着现代物流行业的发展，现代物流行业将与物联网、电子商务、移动通讯密切融合，属涉及高新技术、知识含量较高的产业领域，能促使年轻人以较快速度跃上技师层面。

第二，技师学院是最优秀的高级技工学校举办的最高层次的教育机构，拥有技工教育中最优良的教学资源，包括教学场所、教学设施、教学管理、师资力量等；积累了丰富的技工教育经验并长期与行业、企业保持着密切联系，是所有学校中最贴近技工和企业的学校。以深圳技师学院为例。该校从2002年开始培养物流专业高级工，现在已形成了比较完整的教学体系。该校培养出的物流高级工具备较高的职业能力，包括物流专业知识和先进技术，这些高级技工在企业的生产经营中发挥了重要作用，大受企业的欢迎。这些都为开展物流预备技师的培养打下很好的基础。

第三，技工院校培养物流预备技师的方法与传统的相比具有一定的优势。一是它可以根据市场的需求制订培养计划；二是它可以发挥教育的作用，缩短技师的成长时间；三是技工院校的学生基础比较扎实，发展后劲大，符合工业化社会高技能人才的培养模式。因此，技工院校以全日制、规模化、规范化的方式培养物流预备技师将成会为主流趋向。当前物流职业教育与高技能人才培养工作的一项重要内容，就是要结合我国物流产业的转型升级来探索通过学制式培养物流预备技师的途径和方法。

第二节　物流预备技师人才培养研究的内容与方法

一、物流预备技师人才培养研究的内容

物流预备技师人才培养研究的主要内容包括物流预备技师人才市场需求调研以及物流预备技师人才培养的可行性分析、物流预备技师人才培养的教学体系、物流预备技师人才培养的企业实践、物流预备技师人才培养的考核与评价以及物流预备技师人才培养的校企合作。

第一，物流预备技师人才市场需求调研包括物流行业发展趋势、物流预备技师人才市场需求状况、物流预备技师人才岗位及岗位群分析、物流预备技师人才职业能力与职业素质的调查研究等。

第二，物流预备技师人才培养的可行性分析包括目前我国物流人才的总体培养状况、物流预备技师在物流人才结构中的地位、物流预备技师人才培养所需条件与面临的问题、技师学院在物流预备技师人才培养中的作用、物流预备技师人才培养的模式等。

第三，物流预备技师人才培养的教学体系包括物流预备技师人才培养目标、物流预备技师相关岗位工作任务与职业能力分析、课程框架与教学内容设计、工作过程导向的项目课程开发与教材编写、物流预备技师人才培养的教学方法、物流预备技师人才培养一体化教学的实训系统建设以及教学过程的组织与管理等。

第四，物流预备技师人才培养的企业实践主要包括企业技师工作站建设、物流技师工作站的运行与管理、物流预备技师企业工作实践、物流预备技师企业项目研究等。

第五，物流预备技师人才培养的考核与评价主要包括一体化课程考核与评价、工作过程导向的项目课程考核与评价、物流预备技师企业工作实践的考核与评价、物流预备技师企业项目研究的考核与评价以及物流预备技师人才培养的综合评价等。

第六，物流预备技师人才培养的校企合作主要包括物流预备技师人才培养的校企合作机制、校企合作共同完成物流预备技师人才培养过程的方法与措施等。

二、物流预备技师人才培养研究的方法

在物流预备技师人才培养研究过程中，我们采用了市场调研法、头脑风暴研讨法、行动研究法、文献研究法等方法。

（一）市场调研法

以企业实地走访的调研方式为主，以电话访问、邮件访问、问卷调查等形式为辅，我们对物流预备技师人才市场进行了调研。调研范围涵盖了仓储类、海运类、空运类、陆运类、快递类、生产企业类、港口类及其他综合性物流企业。调研对象设定为深圳二十余家具有行业代表性的企业单位，这些企业分别是海时捷物流货代、长城国际系统科技、机场国际快件海关监管中心、赤湾港务、均辉华惠国际速递、递四方国际速递、顺捷物流、康捷空国际货代、共速达、中兴通讯、宅急送、TNT、UPS、联运通、方舟国际货运、中快运、海格物流、民航快递、顺丰速递等。这些企业的共同特点是：涉及面广，企业规模大。企业类型包括了生产企业、仓储企业、快递企业、运输企业、货代企业、港口企业等，其业务范围涵盖了物流所有作业环节。对这些企业进行调研为物流预备技师人才培养的研究工作打下了良好的基础。

（二）头脑风暴研讨法

物流预备技师人才培养是一个全新的研究领域，在研究过程中，我们大量采用了头脑风暴研讨法。我们对物流师岗位设定中的“物流师岗位及岗位群分析”、“物流师工作任务与职业能力分析”、职业功能模块课程体系开发中的“职业能力与课程设置分析”、企业技师工作站建设中的“技师工作站功能分析”等专题分别进行了企业专家头脑风暴研讨。每次头脑风暴研讨会我们都邀请到不同类型物流企业生产一线的业务骨干就专题进行深入研讨，他们在会上产生了很多新思维、新设想，推进了研究工作的顺利开展。

以“技师工作站功能分析”专题为例，技师工作站是一项全新事物，在此之前，关于技师工作站建设，国内外还没有任何可供借鉴的做法。我们于2009年10月份召开了“物流预备技师培养及技师工作站建设研讨会”，会议邀请了世界五百强企业沃尔玛、全球最大快递企业UPS、国内

快递巨头顺丰速递、国内著名的制造企业中兴通讯股份公司以及均辉华惠国际速递、递四方国际速递、海格物流、民航快递、华强物流、宅急送、中快运、周大福等企业的二十多位企业代表参加。会议采用了头脑风暴研讨法，与会专家集思广益，畅所欲言，结合企业实际，就技师工作站建设的相关议题展开了深入的讨论，在此基础上完成了企业技师工作站功能定位及企业技师工作站建设方案，从而保证了企业技师工作站这一创新模式具有较强的生命力和可实践性。

（三）行动研究法

行动研究法即行动者为解决自己实践中的问题而进行的研究。行动研究法是诞生于社会活动领域的研究方法，它对于研究社会活动具有极为独特的价值。教育活动是一项重要的社会活动，因而行动研究法得到了教育研究界的较大关注。行动研究法的一个显著特点是所有研究工作须由应用研究成果的人来担任，由此其研究结果才能达到最大的效用。物流预备技师人才培养研究在本质上是一个实践问题，因而此项工作必须靠物流预备技师人才培养的承担者——学校和企业来完成。从一开始我们就将企业纳入到整个物流预备技师人才培养体系当中，企业参与了物流预备技师人才培养过程中全部的研究与实践工作，项目研究工作始终围绕着教学实践来进行，边实践边完善，每一步研究成果都是在实践的探索中得到的。目前物流预备技师人才培养方案已经经历了2007、2008、2009三届完整的物流预备技师班的教学实践，其人才培养效果受到用人单位的广泛好评。

（四）文献研究法

文献研究法是指通过阅读、分析文献得出对主客观事物认识的研究方法。这种研究方法通常不与研究对象进行直接的接触，而是通过文献来间接地对研究对象的本质和规律进行研究。随着现代科技的飞速发展，文献的数量和质量都在不断提高，为人们利用这种方法展开研究活动奠定了很好的基础。为了解和掌握国内外相关研究的最新成果，我们在物流预备技师人才培养研究过程中充分利用互联网进行网上检索，并通过查阅书籍、报纸杂志等相关的文献资料，获取大量信息，这些都为项目研究工作提供了有益的借鉴。

第二章　物流预备技师的职业定位

第一节　物流预备技师与物流师的主要区别

一、国家物流师职业资格等级结构

国家物流师职业资格设有四个等级，分别为：物流员（国家职业资格四级）、助理物流师（国家职业资格三级）、物流师（国家职业资格二级）、高级物流师（国家职业资格一级）。

1. 物流员

物流员（国家职业资格四级）标示中级技能，指在物流领域能够熟练运用基本技能独立完成本职业的常规工作，并且在特定情况下，能够运用专门技能完成较为复杂的工作，能够与他人进行合作。

2. 助理物流师

助理物流师（国家职业资格三级）标示高级技能，指在物流领域能够熟练运用基本技能和专门技能完成较为复杂的工作，包括部分非常规性工作，能够独立处理工作中出现的问题，能指导他人进行工作或协助培训一般操作人员。

3. 物流师

物流师（国家职业资格二级）标示技师，指在物流领域能够熟练运用基本技能和专门技能完成较为复杂的、非常规性的工作，掌握本职业的关键操作技能技术，能够独立处理和解决技术或工艺问题。在操作技能技术方面有创新，能组织指导他人进行工作，能培训一般操作人员，具有一定的管理能力。

4. 高级物流师

高级物流师（国家职业资格一级）标示高级技师，指在物流领域能够熟练运用本职业各个领域内的基本技能和特殊技能完成复杂的、非常规性的工作，熟练掌握本职业的关键操作技能技术，能够独立处理和解决高难度的技术或工艺问题。在技术攻关、工艺革新和技术改革方面有创新，能组织开展技术改造、技术革新和进行专业技术培训，具有管理能力。

二、物流预备技师与物流师的主要区别

1. 工作经验的区别

物流师具有在企业物流岗位生产中所积累的较丰富的工作经验，而预备技师一般缺乏长期处于实际工作岗位的工作经历，但预备技师学生若到企业技师工作站通过在站培养也可具有在物流岗位生产中真实的工作经验。

2. 素质能力的区别

物流师的素质能力是在企业岗位的生产实践中经过长时间的系统积累形成的，是内化的知识与技能，而预备物流技师缺乏长时间的生产实践积累这一环节，需要在日后通过岗位工作将学来的知识和技能进一步进行内化，使之成为能够自如运用的知识和技能。

3. 考核对象的区别

物流预备技师的考核对象为在技师学院和高级技工学校预备技师班考核合格的学员。物流师的考核对象为从事《中华人民共和国职业分类大典》和《中华人民共和国工种分类目录》中规定的物流工种的劳动者。

4. 证书适用范围的区别

物流预备技师证书发放对象为在技师学院和高级技工学校预备技师班考核合格的学员。物流预备技师证书表明持证人已完成物流预备技师学制教育并通过物流师（国家职业资格二级）的理论知识考试和操作技能考核，只是未进行综合评审。

物流技师证书适用范围为从事《中华人民共和国职业分类大典》和《中华人民共和国工种分类目录》中规定的技术等级设置达到国家职业资格二级的物流职业劳动者。物流技师证书表明持证人通过了物流师（国家职业资格二级）的理论知识考试和操作技能考核，并通过了综合评审。

第二节　物流预备技师的综合职业能力定位

一、物流预备技师的岗位定位

表 2－1　物流技能岗位名称调查表

<table>
<tr><th>序号</th><th colspan="2">企业类型</th><th>岗位名称</th></tr>
<tr><td>1</td><td colspan="2">仓储类</td><td>叉车员、复核员、监（装）卸员</td></tr>
<tr><td>2</td><td rowspan="3">运输类</td><td>海运类</td><td>船务员</td></tr>
<tr><td>3</td><td>空运类</td><td>配载员、押运员、监（装）卸员、航空货运员</td></tr>
<tr><td>4</td><td>路运类</td><td>配载员、押运员、车辆维修员、车管员、货运员、捆绑员、申报员</td></tr>
<tr><td>5</td><td colspan="2">企业物流类</td><td>物料计划员、排产员、库管、物料员（生产环节）、海外物流经理、海外物流项目经理、海外库管员、物料计划经理、回收管理员、信息处理员、资产管理员</td></tr>
<tr><td>6</td><td colspan="2">快递类</td><td>回单管理员、驻厂员、取（派）件员、海外查询员、数据分析员、安检员</td></tr>
<tr><td>7</td><td colspan="2">港口类</td><td>港口现场理货员、现场装卸指导员、值班调度员、机械维修保养工</td></tr>
<tr><td>8</td><td colspan="2">通用类</td><td>客服、物流策划、结算员、调度员、仓管员、理货员、单证员、提（发）货员、数据录入员、质检员、报关员、报检员、平台扫描员、采购员、数据统计员、项目主管、信息管理员、计划员、物流操作员、市场开发员</td></tr>
</table>

注：以上表格源于深圳技师学院 2008 年物流企业专家头脑风暴研讨会。

物流预备技师培养应符合物流师的岗位要求，为快递企业、仓储配送企业、货代企业、生产企业、连锁零售企业、港口物流企业、航空物流企业、物流基地等单位培养达到大学本科层次、集物流理论和操作技能于一身、能胜任企业物流关键岗位操作及基层管理工作的物流行业的高素质技能人才。

表 2－2 物流企业技能岗位等级分析表

序号	工种等级	岗位名称	备注
1	中级	复核员、押运员、货运员、捆绑员、申报员、机械维修保养工、理货员、平台扫描员、提（发）货员、数据录入员、平台扫描员、车管员、驻厂员	
2	高级	采购员、监（装）卸员、船务员、配载员、航空货运员、物料计划员、排产员、库管、物料员、回收管理员、信息处理员、资产管理员、回单管理员、取（派）件员、海外查询员、数据分析员、安检员、港口现场理货员、值班调度员、客服、结算员、仓管员、单证员、质检员、报关员、报检员、数据统计员、信息管理员、计划员	
3	技师	客户经理、操作主管、项目经理、仓管经理、物料计划经理、物料策划经理、现场装卸指导员、物流策划、市场开发员、航线经理、业务代表、调度员	

注：以上表格源于深圳技师学院 2008 年物流企业专家研讨会。

经物流企业专家研讨，物流预备技师岗位定位应是物流企业或生产企业物流部门的基层管理岗位，包括客户经理、操作主管、单证主管、物料计划经理、仓管经理、调度员、航线经理、现场装卸指导员、物流项目经理、业务代表等。其岗位定位为处于中层管理人员和基层员工之间的中间层，在整个技术、技能群体中处于主要参与者的位置，熟悉生产中最重要的设备和工具，掌握着详细的应用知识、操作技能和管理技能；对一般的操作人员负有监督指导的责任，并保证工作正常运转，将中层管理人员的理念转化为实际工作，是技能群体活动的组织者和执行者，常常负责每日的工作安排，能针对日常的技术问题找出切实的解决办法，不断降低成本，提高工作效率。

二、物流预备技师的职业能力

职业能力是某一岗位或岗位群在完成工作项目和任务时，主体所需要具备的专业基础知识和理论知识，以及应采取的操作流程和步骤、操作方式和技能等。职业能力是普通能力在具体任务中的具体体现。任何职业能力都是具体的，是和一件件工作任务相联系的。

物流预备技师的职业能力是指具备从事物流基层业务操作和管理活动所需要的专业知识和专业技能。物流预备技师的职业能力具有复合型的特征，即既具有物流专业的理论和技能方面的专业特征，又具有经营或管理方面的专业特征，并且倾向于经营与管理。由于劳动分工出现单一工种向复合工种转变的趋势，操作层次由分工极细的简单体力劳动转变为包括独立决策和管理在内的集成式的体力与脑力的综合劳动，所以现代物流预备技师的职业能力要求是具备跨岗位的复合型综合职业能力。经物流企业专家和职教专家共同研讨，我们得出物流预备技师从事职业活动所应具备的职业能力主要包括以下几种。

1. 岗位从业基础能力

物流预备技师应具有一定的表达能力和计算能力，形体知觉好，听觉正常，色觉敏锐，动作协调性强。

2. 基层组织管理能力

物流预备技师应懂得计划、组织、协调、控制的基本管理原理，工作效率达到优秀员工水平，能有效组织工作例会，懂得如何协作及提高团队工作效率。

3. 专业技术能力

专业技术能力是物流预备技师从事职业活动应具备的核心职业能力。主要包括：

（1）掌握连锁零售物流的基本理论与方法，熟悉现代大型连锁零售企业的业务流程，具有商品采购、商品仓储配送能力。

（2）熟悉配送的业务流程，能进行库存控制、仓储操作和管理；具备配送的基本业务操作能力。

（3）掌握生产物流的基本理论与方法，具有物料采购、物料控制、生产计划、成品销售物流、质量控制、库存控制的基本能力。

（4）掌握营销的基本理论与方法，能与客户进行良好沟通，推销物流服务产品，提供周到细致的客户服务。

（5）掌握报关、报检、货代、船代、港口等国际物流的基本知识和技能。

（6）具有运输组织、运输计划的能力。

（7）熟悉物流信息管理系统，具有物流信息的处理能力。

4. 商务职业能力

物流属于现代服务行业，其商务活动频繁，要求从业者应具有必要的商务能力，主要包括：数据统计与分析能力、成本预算和核算能力、电子商务业务操作及管理能力、货物进出口业务处理能力、国际英文单证的处理能力、市场调查和物流产品销售能力、物流客户服务和客户关系管理能力。

三、物流预备技师的职业素质

（一）职业素质的基本概念

职业素质是指劳动者在生理和心理条件的基础上，通过职业教育、职业实践和自我完善等途径形成和发展起来的，在职业活动中起着重要作用的内在基本品质。职业素质是与职业活动相关的素质，任何一种职业对人的素质都有一定的要求，它不仅包括从事某项具体职业所应具备的素质，还包括为获得这些素质所应具备的潜力。职业素质具有以下五个特征：①职业性，表现为不同行业的从业者素质有所不同；②稳定性，表现为素质一经形成，便会经常地在职业活动中体现出来；③内在性，表现为素质以潜能的形式存在，只有在职业活动中才能显现出来；④整体性，表现为从业者各方面能力和品质的综合体现；⑤发展性，表现为随着社会的发展对从业者素质的要求越来越高。

（二）物流预备技师职业素质的重要性

实践证明，职业人士的成功与否取决于其职业素质的高低，良好的职业素质为职业的可持续发展提供了基本保障和持续动力。物流预备技师培养的最核心目标之一就是职业素质的培养。

培养职业素质最直接的意义在于提高劳动者的就业竞争力，职业素质中的职业道德属于人生观和价值观的范畴，其重要内涵是爱岗敬业、诚实守信。随着我国大众化职业院校以及技工院校的发展，超越学历与技能之外的劳动者职业素质问题逐渐为用人单位所关注。面对社会日益严峻的就业形势，只有在掌握扎实的专业知识、过硬的专业技能的同时拥有较高的职业素质才能形成较强的竞争力。曾经有人针对企业对学生的质量要求做了一个排序，结果显示绝大部分企业优先考虑的是求职者的诚信、敬业、责任感、合作精神等职业素质，其次才会考虑求职者的工作经验、职业技能和知识水平。这恰恰反映出了企业往往是把学生的人格修养和行为品质作为第一质量要求的。

1. 物流预备技师职业素质的构成内容

针对物流行业的特点，结合物流专业市场调研结果，物流预备技师职业素质主要应包括以下几个方面：职业道德素质、职业意识素质、质量意识素质、服务意识素质、安全意识素质、行为规范素质、创新发展素质等。

（1）职业道德素质。

职业道德是职业素质的核心。有这样一种说法：有德有才是正品，有才无德是危险品，无德无才是废品。社会需要的是德才兼备的劳动者，培养物流预备技师的职业素质首先应从思想品德着手，在培养学生的直接上岗能力和操作能力的同时培养他们良好的道德素质，方能让他们立足于竞争激烈的社会。职业道德素质在职业实践中表现为思想品德的优劣、对待工作的态度等。我们在培养学生的责任感和奉献精神的同时，也要培养他们自强自律、讲诚信、守信用等优良的职业道德素质。具体应包括：①能用正确的人生态度对待各种压力和挫折，为人忠诚，重承诺；②为公司保守机密，恪守岗位职责，具有吃苦耐劳、爱岗敬业、甘于奉献的敬业精神；③具有诚实守信的品质和积极进取的精神；④具有稳重踏实、乐观谦和的工作态度。

（2）职业意识素质。

职业意识素质具体应包括：①对物流行业和物流职业有深刻的认识和理解；②工作认真负责，服从指挥；③能详细制订计划并付诸行动，具备对自我行为和计划进行分析、调整的能力；④能够充分理解和发挥团队作用，办事效率高，尽力为企业创造效益；⑤在工作中不断提升自己，找出工作中存在的问题，并不断提出改进意见；⑥能够对周边工作环境、工作氛围、企业文化等有清楚的认识，能进行自我优势分析，正确进行工作目标定位。

（3）质量意识素质。

质量意识素质具体应包括：①能明确物流产品和物流管理的质量要求；②具有精益求精的精神，持续改进物流服务水平；③具有较强的时间观念，按时完成工作任务；④具有认真细致的工作作风。

（4）服务意识素质。

服务意识素质具体应包括：①能与客户建立和谐的合作关系；②能树立“自律、友善、快捷、准确”的服务理念；③能以客户为本，为客户提供高效的服务，做到让公司放心，让客户满意。

（5）安全意识素质。

安全意识素质具体应包括：①具有人身安全意识；②具有产品安全意识；③具有工作环境安全意识。

（6）行为规范素质。

职业行为规范包括职业人对工作、对企业、对老板、对同事、对客户、对自己等方面的行为规范。行为规范素质是物流预备技师在职业活动过程中，为了实现企业目标、维护企业利益、履行企业职责，而从思想认识到日常行为都应遵守的职业纪律。坚守该职业行为规范，就是职业人职业素质成熟的表现。行为规范是否恰当是学生初入职场最重要的个人名片，学生的行为方式和习惯反映其人格品性、能力和发展潜力，树立起优良的行为规范素质有助于提高学生在就业市场上的竞争力。物流预备技师应有的行为规范素质包括：①讲文明懂礼貌，注意仪表仪容，做到尊重他人、礼貌待人，使用文明用语；②维护企业整体形象，部门、上下级、员工之间相互尊重，密切配合，团结协作；③具备强烈的形象意识，从基本做起，塑造良好的个人形象；④遵纪守法，掌握与本职业务相关的法律知识，严格执行国家的各项法律法规；⑤严格遵守企业的各项规章制度和劳动纪律，自觉执行工作标准、作业规程和岗位规范；⑥廉洁自律，秉公办事，不以权谋私，不损害客户利益和企业利益。

（7）创新发展素质。

创新发展素质具体应包括：①具有较强的学习能力，勤奋学习科学文化知识，不断提高自身的科学文化水平；②具有科学系统的思维习惯，不断提高分析、解决问题的能力；③随着物流行业技术进步加快，能不断充实与更新业务知识和工作技能，努力学习和运用最新的科学技术，提高创新能力。

第三章　物流预备技师的培养模式

培养模式是指在一定的教育指导思想与教育理论引导下，为实现培养目标所采取的培养途径以及在培养过程中所采取的教学组织方式和管理机制。2010 年人力资源和社会保障部根据《关于大力推进技工院校改革发展的意见》（人社部发〔2010〕57 号）文件精神，明确提出技师学院可以直接面向社会招收高中、中职毕业生，通过学校学制教育，规模化、规范化培养和考核预备技师。目前，虽然部分条件成熟的技工院校已经开始培养物流预备技师，但是至今还没有形成一个比较系统的培养模式，物流预备技师培养研究与实践是技师学院当前的一项重点核心工作。深圳技师学院是由国家人力资源和社会保障部批准的全国首家培养物流预备技师试点院校，承担了学制式物流预备技师培养模式的研究与创新的历史责任。经过五年多的研究和实践，我们探索出了以能力为本位，以职业功能模块教学为特色，以校企合作为平台，集教学、生产、科研于一体的物流预备技师培养的成功模式。

第一节　物流预备技师培养的学制

目前，全日制物流预备技师的培养主要采用以下两种学制形式。

一、招收高中毕业生学制

招收高中毕业生实施 1 + 1.5 + 1.5 学制，即学生在 1 年内修完中级工的课程和训练，经过考核获取中级工职业资格证书（中级物流员，下同）；再在接下来的 1.5 年内修完高级工的课程和训练，经过考核获取高级工职业资格证书（助理物流师，下同）；最后的 1.5 年则接受预备技师层次的教育，在毕业前依照物流师国家职业标准要求，进行理论知识考试和操作技能考核，考试合格者获得物流预备技师证书。

二、招收初中毕业生学制

招收初中毕业生实施 3 +1.5 +1.5 学制，即学生在 3 年内修完文化基础课与中级工的课程和训练，经过考核获取中级工职业资格证书；再在接下来的 1.5 年内修完高级工的课程和训练，经过考核获取高级工职业资格证书；最后的 1.5 年则接受预备技师层次的教育，在毕业前依照物流师国家职业标准要求，进行理论知识考试和操作技能考核，考试合格者获得物流预备技师证书。

除上述两种学制外，学校还可招收高中毕业且已获得助理物流师职业资格证书的学生按学制阶段入学，让其完成最后 1.5 年的物流预备技师层次的教育。

物流预备技师毕业生经过至少两年的企业生产实践（工作业绩突出的可适当缩短）后，即可申报参加物流师综合评审和业绩评定，合格者按规定核发物流师国家职业资格（二级）证书。

第二节 物流预备技师培养的教学体系

预备技师的培养任务与普通高等院校的培养任务迥然不同，物流预备技师的培养目标决定了技师学院的教育必须建立以职业能力为本位的教育模式，体现以技术应用为主体的教学特色，加大教学硬件和软件的建设力度，形成教学与实践紧密结合的教学体系。

一、教学设计以岗位能力和职业发展能力为宗旨

物流预备技师的培养必须以就业岗位（群）的要求和物流师的职业标准为出发点。首先，要了解物流行业的基本情况，主要包括本行业的设备和技术水平、先进的工艺流程和企业对物流师人才的要求等。其次，要认真分析就业岗位的实际需求，把培养目标分解细化，以便有选择性地确定该物流预备技师需要完成哪些具体的岗位工作。再次，要进行职业综合能力的分析与分解。物流预备技师的职业综合能力主要是指理论指导实践的能力、解决实际问题的能力、解决操作难题及排除故障的能力以及创新的

能力等，同时，也要重视职业素质的培养。

二、开发职业功能模块式课程体系

要完成培养预备技师的任务，其关键在于建立以培养职业能力为主线的、适合预备技师培养目标的新课程体系。我们必须突出技能培养的特点，打破学科体系，突出实践性和应用性，让理论知识、技能操作与工作任务相互渗透、整合，采用以工作过程引领全部的理论和技能的“一体化”培养模式。经过系统研究和论证，我们在专业教学上采用了职业功能模块式课程体系，其核心是以职业岗位技能的专项性和操作性为依据，将职业岗位技能划分为若干个专业模块，又将每个模块划分为几个小模块，让学生能更好地掌握该专业所必备的理论知识，培养学生扎实的职业技能和较强的技术应用能力。

三、开发预备技师项目课程教材，实施一体化教学

目前，大多数技工院校的教材是针对中级技工和高级技工的培养，不符合预备技师层次的要求，大学本科教材又偏重理论，因此开发适合培养技师的教材是做好技师教育必不可少的条件。在教材开发中，我们按照技师培养特点，打破学科型教材的固定模式或原有框架，以典型企业的工作过程和主要工作任务为主线，将能够支持和说明技能点的知识内容筛选出来，进行重新组合和排列，形成了一套独特的项目课程教材，以适应职业功能模块式课程体系的要求。现在我们已完成了包括《仓储与配送》、《运输业务操作与管理》、《快递业务操作》、《货代业务操作》、《采购业务操作与管理》等专业骨干课程项目课程教材的开发，做到了以工作任务引领课程进程，实现了理论、实际操作与工作任务有效结合的一体化教学模式，保证了预备技师课程教学更加符合企业实际工作的需要。

四、推行以学生为中心的教学方式

传统的教学方式以教师为中心，在教学过程中，主体是教师，教师教什么，学生就学什么，学生缺乏主动学习的能力。很显然，这种教学方式不符合物流预备技师培养目标的要求。我们在教学实践中深刻体会到要实

施一体化教学，就必须建立以学生为中心的教学方式，即学生是主体，由教师主导，充分发挥学生的主动性、能动性。以学生为中心的教学方式能更好地培养学生的创新精神、动手能力、分析问题和解决问题的能力。

五、注重专业技能训练

建设好校内实训项目是培养物流预备技师的必备条件。硬件是基础，必须得到充实完善。而实训项目的建设要尽可能与物流企业生产、管理、服务等第一线的要求相一致，形成真实或仿真的职业环境。我们将物流预备技师技能训练项目分为单项课题训练和综合课题训练，单项课题包括“基于 RFID 的摘取式电子标签分拣系统”、“企业生产物流系统”、“快递管理系统”、“零售物流管理系统”、“电子商务管理系统”、“国际货代管理系统”、“配送管理系统”、“仓储管理系统”和“运输管理系统”等；综合课题包括“物联网物流供应链管理平台”、“物流经营管理沙盘系统”和“ERP 物流信息系统”等。实训项目做到软硬件的集成使用，为实施一体化和项目教学创造了良好条件。同时，为加强专业技能训练，我们还成立了物流技能训练俱乐部，组织物流预备技师班学生参加各种物流职业竞赛，对开展技能训练起到了积极的促进作用。

六、强化企业实践教学

企业实践是物流预备技师人才培养的关键环节，企业实践基地建设是实施企业实践教学的可靠保障。为此，我们不断加强与物流企业的合作，建立了 8 个校外专项实训基地和 10 家物流技师工作站，校外专项实训包括航空货运、仓储配送、电子商务、运输、快递等业务训练，以配合校内相关课程教学。企业技师工作站实行校企双导师工作制度，其组织形式是工学交替、顶岗实践、产学研结合，学生要在企业技师工作站进行一年以上的企业实践锻炼，在校企双导师的指导下完成轮岗实习、单项课题研究、综合课题研究、顶岗实践、企业项目研究报告等实践项目。借助于企业的综合实践，不仅能显著提高学生的技能水平，而且能较好地培养学生的职业综合素质。

第三节　物流预备技师培养的师资配备

物流行业是一个对实践性要求很高的综合性行业，要实现预备技师的培养目标，不仅要有符合培养要求的课程体系，而且要有符合培养预备技师能力的师资队伍，这是实施课程、实现培养目标的重要保证。以往技工学校的教师分为理论课教师和实习指导教师，理论课教师负责教授理论知识，实习指导教师负责传授操作技能。有些课程是先讲理论知识，再进行操作技能训练；有些课程是先进行实习操作技能训练，再讲授理论知识，无论是哪种培养方式，理论课和实习课都是完全分开进行的。这样的教学直接造成了理论知识和操作技能的脱节。职业功能模块式课程体系的教学要求理论教学和操作技能训练一体化的教学方式，这种教学方式对教师提出了新的、更高的要求，其要求教师必须既要具备扎实的理论知识和丰富的教学经验，又要有熟练的专业操作技能和丰富的生产实践经验，并将两者进行有机结合。因此，培养既有理论功底又有实践经验和技能的“双师型”教师成为迫切需要。近几年，很多技师院校都着重加强了“双师型”教师队伍的建设，具体表现为以下几点。

一、引进企业专业人才，充实教师队伍

引进具有丰富物流企业相关岗位实际工作经验的专业技术人才以充实教师队伍是解决预备技师培养师资紧缺的重要途径。以深圳技师学院为例，目前该校物流预备技师的专职教师均来自企业，具有较为资深的实际工作背景，平均实际工作年限达到五年以上。

二、强化“一体化”教学培训

开展系列的“一体化”和“职业活动导向”教学培训活动，引导教师转变观念，积极探索教学改革，以达到培养物流预备技师的教学能力。院校规定教师必须通过“一体化”和“职业活动导向”教学法的考核后才能上岗。

三、建立物流企业挂职与联系制度

要求每位教师与2~3家相对应的物流企业保持紧密联系，有计划地组织教师到企业调研、顶岗锻炼，提升技能水平，积累实践经验，并不断地将企业的真实项目转化为教学项目。

四、积极推动教师身份的转型

教师在教学中的地位由主体变为主导。教师在组织课堂教学时以职业活动为主线，在教学过程中言传身教，以咨询顾问和教练的身份，按企业实际工作要求指导学生完成相关的学习任务，以实现“从教师到教练的身份转变”。

五、鼓励教师参加行业和企业的专业活动

为了加强教师专业水平，深圳技师学院同中国物流与采购联合会、中国快递行业协会、国家邮政管理局建立了密切的合作关系。每位教师平均每年至少参加一次物流行业的专题会议，以获取行业最前沿的科技咨询和发展动态，并先后参与完成了十多项行业和企业的科研项目，教师专业能力得到了提升和锻炼。

六、实行企业导师聘任制

聘请知名企业中富有实战经验的管理者和技术人员作为长期特聘教师，参与物流预备技师培养的全过程，定期为学校提供专项训练和专题讲座，并承担学生在物流技师工作站实践项目的指导工作（如表3－1所示）。

实践证明，一支过硬的教师队伍是做好物流预备技师培养工作的重要保障。

表 3－1　物流预备技师教学师资配备一览表

序号	教师姓名	学历	授课年限	担任课程	职称/职务	备注
1	郑志军	硕士	30	企业物流管理	管理学研究员/高级技师	专任教师（曾任大型企业集团总经济师）
2	资道根	硕士	12	物流信息系统	高级讲师/高级技师	专任教师（具有十年物流企业工作经验）
3	王铁牛	本科	7	快件业务操作	讲师/物流师	专任教师（具有六年物流企业工作经验）
4	刘东卫	本科	6	运输业务实务	讲师/高级物流师	专任教师（具有九年物流企业工作经验）
5	戴巧玲	硕士	5	报关实务	物流师	专任教师（具有六年物流企业工作经验）
6	邢艳	硕士	7	报检实务	高级讲师/物流师	专任教师（具有五年物流企业工作经验）
7	崔丽芳	硕士	5	货代业务操作	讲师/物流师	专任教师（具有五年物流企业工作经验）
8	王晓望	硕士	6	物流客户关系管理	高级讲师	专任教师（曾留学澳大利亚）

（续上表）

序号	教师姓名	学历	授课年限	担任课程	职称/职务	备注
9	邓啸	本科	4	国际物流	物流师	专任教师（具有九年物流企业工作经验）
10	肖顶革	本科	4	物流信息实务	物流师	专任教师（具有两年物流企业工作经验）
11	方培锋	本科	3	物流综合实训	物流师	专任教师（具有五年物流企业工作经验）
12	阮清方	博士	7	仓储与配送	讲师/物流师	专任教师（具有三年物流企业工作经验）
13	李杰	本科	7	物流装备	物流师	专任教师（具有五年物流企业工作经验）
14	陈加和	本科	5	物流销售	营销总监	深圳海格物流（兼职）
15	万松	英国EMBA	3	快递行业分析	总经理	TNT 深圳分公司（兼职）
16	陶永庆	本科	7	快递行业讲座	总经理	深圳均辉华惠国际货运公司（兼职）
17	喻如安	本科		快递业务流程	人力资源部经理	深圳均辉华惠国际货运公司（兼职）
18	于达亮	本科		快递操作技能	操作部经理	深圳均辉华惠国际货运公司（兼职）
19	张旭	本科		快递企业管理	总经理助理	深圳均辉华惠国际货运公司（兼职）

（续上表）

序号	教师姓名	学历	授课年限	担任课程	职称/职务	备注
20	高本河	博士	8	物流方案	教授	清华大学深圳物流研究中心（兼职）
21	刘斌	本科	2	电子商务物流	运营总监	深圳华强物流公司（兼职）
22	刘山	本科	2	电子商务物流与仓储配送运营	经理	华强物流营运中心（兼职）
23	黄皓杨	本科	2	职业素养指导	人力资源部经理	UPS 亚太转运中心（兼职）
24	王雪明	本科	3	单证操作及管理技能	业务主管	华运国际物流有限公司（兼职）

第四节　物流预备技师培养的校企合作平台

企业作为用人单位，是学校培养出来的物流预备技师能否满足其需求的最终评价者。因此，学校必须加强与企业的合作，根据企业的发展需要与岗位要求，不断完善课程设置和教学体系，修订教学内容与教学方法，从而为企业输送更多合格的物流预备技师人才。可以说，物流预备技师人才的培养必须走校企合作路线。为此，我们在培养物流预备技师的工作中不断加大校企合作力度，全方位构建校企合作平台，实现了校企的高度融合。对于如何构建校企合作平台，我们从工作实践中总结归纳出以下几点。

一、校企双方签署共同培养物流预备技师人才的战略合作协议

该协议以实现校企合作双赢为宗旨，其核心在于学校对物流预备技师人才的培养和企业发展对后备人才的需求紧密融合。学校与合作企业建立

相对稳定的契约合作关系，形成互惠互利、优势互补、共同发展的动力机制，为构建物流预备技师培养的校企合作平台奠定良好的基础。

二、成立“物流预备技师培养企业专家教学指导委员会”

企业专家教学指导委员会的主要职能是对物流预备技师培养进行把关定向。从2007年第一届物流预备技师班招生以来，我们每年定期举办“企业专家教学指导委员会”工作会议，共同研讨教学计划、课程设置、教学内容、实习指导、实训室建设、技师工作站建设和企业项目实践等专题，同时根据企业的发展需要与岗位要求，不断完善课程设置和教学体系，修订教学内容与教学方法，从而为企业输送合格的物流预备技师人才。

表3－2　物流预备技师培养企业专家教学指导委员会名单

	企业名称	专家姓名	职务
1	广东省邮政管理局	郭小梅	副局长
2	深圳深航货运有限公司	郭鹰	人力资源总监
3	神州通物流	张新蕾	副总经理
4	深圳德邦物流	朱域	总经理
5	深圳海格物流	唐颖	人力资源部经理
6	深圳宅急送	尹宪伟	人力资源部经理
7	深圳民航快递	范龙虹	人力资源部经理
8	深圳顺丰速运	孙海金	人力资源本部总经理
9	深圳均辉华惠国际货运	陶永庆	总经理
10	深圳赤湾港务	方洁	总经理
11	香港周大福中国营运中心	王小波	人力资源经理
12	沃尔玛华南区配送中心	陈小平	人力资源经理
13	马士基物流有限公司	李红	操作部经理

三、企业专家承担物流预备技师的教学活动

企业专家融入物流预备技师培养的课堂教学、技能训练、教师培训、就业指导、企业项目实践等活动中，参与物流预备技师培养的全过程，提

高了教学活动的针对性和有效性。

四、定期与企业联合举办物流技能大赛

为了提高物流预备技师班学生的岗位技能，我们先后与广东邮政管理局联合举办了广东省快递行业技能竞赛，与 TNT 联合举办了国际快件业务技能竞赛、与盐田国际集装箱码头海关监管仓联合举办了物流仓储配送技能竞赛、与中教畅享联合举办了物流经营管理技能竞赛，学生与企业员工同台竞技，大大提升了训练技能的积极性。岗位技能竞赛活动在促使学生技能达到企业岗位要求方面发挥了重要作用。

五、校企共建物流预备技师企业实践基地

企业实践基地建设是校企合作的重点工作，也是物流预备技师培养的核心工作。物流高技能人才培养的企业实践基地主要有以下两种类型。

第一种企业实践基地类型是目前被广泛采用的校外企业实习基地。作为校内实训教学的重要补充，其通常被用于院校专业实习和毕业实习阶段的企业实践，在帮助学生了解企业生产经营实况、提高学生对相关岗位的适应能力方面发挥了重要作用。在我们培养高级工的过去几年时间里，为了做好此项工作，我们与 8 家不同类型的物流企业合作建立了校外实训基地（见表 3－3）。

表 3－3 物流预备技师培养校外实训基地

序号	合作企业	主要实践内容
1	民航快递	航空货运业务实践
2	深圳华运国际物流有限公司	国际航运货代业务实践
3	深圳华强物流发展有限公司	仓储配送及电子商务业务实践
4	深圳海格物流股份有限公司	中港运输业务实践
5	深圳顺丰速运有限公司	快递业务实践
6	TNT	国际快递业务实践
7	盐田国际集装箱码头海关监管仓	监管仓业务实践
8	周大福华南仓储配送中心	仓储与配送业务实践

第二种企业实践基地类型是企业技师工作站。企业技师工作站是根据物流预备技师的培养要求而设立的集产、学、研于一体的系统性企业实践平台。物流预备技师培养与其他类型物流人才的培养不同，其特殊性在于，在培养物流预备技师的整个过程中，学生必须积累相当的工作经验和必备的岗位技能，这就向我们提出了更高的要求。为了做好企业技师工作站工作，我们走访了21家与我们有长期校企合作关系的物流企业，深入开展调研，并在调研的基础上召开了“物流预备技师培养及技师工作站建设研讨会”，会议邀请了世界五百强企业沃尔玛、全球最大快递企业UPS、国内快递巨头顺丰速运、国内著名的制造企业中兴通讯股份有限公司等二十多家企业的代表来参加。会议代表就物流技师工作站的功能、技师工作站应具备的条件、技师工作站的组织与管理等议题进行了深入讨论，成果丰硕。如今，我院已先后与深圳华强物流发展有限公司、深圳华运国际物流有限公司、深圳均辉华惠国际货递有限公司、深圳递四方速递有限公司、UPS、深圳顺丰速运有限公司、深圳海格物流股份有限公司、中外运广东分公司、深圳顺捷物流有限公司等企业共同建立了物流技师工作站，并创新性地实施了校企双导师制，由学校导师和企业导师共同完成学生在企业物流技师工作站实践项目的指导工作。两届物流预备技师班的培养实践证明，企业技师工作站的有效运作，加速了物流预备技师的培养进程。

六、建立企业奖学金制度

在学校建立企业奖学金制度，不仅是校企深度合作的成果，而且是企业对学校办学质量的认可。企业奖学金制度可激励学生学好专业知识和提升专业技能，同时还可帮助企业发现人才、吸引人才、培养人才。目前，在物流预备技师班设立的企业奖学金主要有两种形式，一种是企业设立的优秀学生奖学金，以“周大福企业奖学金”为例，奖学金每年评比一次，每次共评出优秀学生30名，每人奖励5 000元，奖金总计15万元。更重要的是，奖学金的评定完全按企业的考核指标进行，考核指标中不仅仅包括学习成绩，还包括大量的企业所需的职业素质，这为学生的在校学习起到了很好的引导作用。另外一种企业奖学金是以助学金形式设立的，从学生进入企业技师工作站实践开始，全部学生均享受企业助学金，每月助学金由基本生活补贴1 200元加奖金构成，奖金额度主要由学生在企业的工作表现和学习任务完成情况而定，平均每人奖金额可达到1 600元/月，助学金总额为2 800元/月。助学金的设立调动了学生在企业技师工作站工作和学习的积极性，增强了学生的责任感。企业奖学金和助学金的设立增强了物流预备技师培养的招生吸引力，随着报考人数的逐年增多，其招生录取分数也在不断提高。高质量的生源对提升物流预备技师培养的质量起着积极的促进作用。

第五节　物流预备技师培养模式的特点

通过前面的分析，物流预备技师培养模式可简单概括为：它是技师学院通过全日制教育途径，以物流师职业标准为依据，以物流师岗位就业为导向，以校企合作为平台，以综合职业能力为核心，以项目课程教学为主要方法，具备双师型教师队伍，强调企业实践过程的物流高技能人才培养的体系。它具有以下特点。

一、建立职业功能模块教学体系

建立理论实践一体化的现代职教课程体系，即以职业生涯发展为目标——明确培养定位，以工作任务为线索——确定课程设置，以职业能力为依据——组织课程内容，以“工作过程导向的项目课程”为主体的专业课程体系。新体系以物流企业工作过程为导向，以项目为活动载体，以包括“知识、技能、职业素养”的综合能力培养为核心，以典型产品（物流服务）为载体来设计教学活动，以行动导向教学方法来进行课程实施。课堂教学以学生为主体，教师是教学的组织者，并承担着技能训练教练这一角色的任务，从而实现了理论、实训与工作任务一体化的现代职业教育教学模式。

二、建立校企合作培养平台

学校培养预备技师，意味着学校是培养工作的主体，在整个培养过程中起主导作用，但这并不代表学校是预备技师培养的唯一决策者。课程设置、教学计划、教学安排、教学评价等环节的设置必须与企业的工作任务和要求相对应，要由校企双方共同研究与实施，尤其要强化校企双方在物流预备技师企业实践环节上的合作，共建企业技师工作站，为物流预备技师的培养构建集产、学、研于一体的系统性企业实践平台，以保障预备技师的培养质量。

三、建立工学结合的培养路径

工学结合是指学习与工作相结合的培养模式。以职业活动为导向，充分利用学校、企业不同的教育环境和资源，把学校教育和企业真实工作任务有机结合起来，将其贯穿培养全过程。学生要获得岗位工作能力，就必须要到企业完成真实岗位的工作任务和技术攻关项目，在真实的企业生产环境中提升工作能力。让学生在企业以“职业人”的身份学习岗位技能、职业素养和企业文化等，以提高学生的综合素质和就业能力。学校在学生的专业学习中实行工学交替、工学结合的方式，让学生掌握生产工作流程，获得解决实际问题的能力。

四、建立一支实施“双导师制”的高素质教师队伍

培养物流预备技师人才，必须以“双师型一体化”师资队伍建设为保障，物流预备技师培养的质量在很大程度上取决于师资队伍的质量。目前，很多学校培养技师最大的难点就是能满足技师培养要求的“双师型”教师奇缺。因此，一方面，我们要加大“双师型”教师队伍的建设力度，另一方面，我们要积极引入企业专家以充实教师队伍。校企“双导师制”是保证学生在学校和企业都能得到及时有效指导的有效措施。校方导师从本校“双师型”教师队伍中选择，企业导师则从企业一线的优秀技术骨干中选择。与其他导师不同的是，这些来自生产一线的导师有较强的实际操作能力，在真实的工作现场进行授课，学生不仅可以学到过硬的专业技能，而且可以从企业导师的言传身教中学到相关的职业素养、企业文化、行业发展等方面的知识。实践证明，学校教师与企业专家相结合的双导师队伍是学生职业能力培养的有力保证。

五、建立物流预备技师培养考核机制

物流预备技师培养考核是提升物流预备技师培养质量的重要环节，为

了强调物流预备技师培养的实用性，物流预备技师的培养实行校企双考核机制，考核的基础是《国家物流师职业标准》，校内教学采用项目课程考核方法，考核以项目成果、项目完成过程结合职业素养为依据进行；在企业技师工作站培养阶段，则结合生产岗位标准，根据工作业绩、工作表现、关键问题的解决能力进行评价，评价主体既有学校又有企业，实行校企双评价考核，以企业评价考核为主，使物流预备技师培养的人才能真正满足企业的需要。

第四章　物流预备技师教学体系的构建

构建物流预备技师教学体系是实现物流预备技师人才培养目标的重要保障和主要环节。它包括物流预备技师教学课程的设置、项目课程的开发、项目课程教材的编写、课程教学的实施、实训系统的建设、师资队伍的建设、技能俱乐部及技能竞赛的组织、教学效果的评价以及国家对物流预备技师职业技能的鉴定与考核等内容。本章以深圳技师学院物流预备技师教学体系为例，分七小节对其构建程序和主要内容进行详细阐述。

第一节　教学课程设置

物流预备技师教学课程是以实现物流预备技师的培养目标为前提，以职业综合能力为核心，以学生就业需求为导向，以提高物流预备技师培养质量为目的而设置的。按物流员、助理物流师、物流预备技师三个阶段的不同，教学课程由商务职业基础课程、物流专业核心课程、物流细分专业方向课程、物流专业选修课程四个模块组成。为了体现物流预备技师职业综合能力的要求，教学课程的设置采取了融合知识、能力和素质的模块化教学课程，突出了以工作过程为导向的项目课程，并合理安排了校内实训与企业项目实践的相关课程。

一、物流预备技师教学课程的设置

（一）课程设置的依据

物流预备技师课程设置首先要确定物流预备技师的培养目标。要以物流预备技师的国家职业资格定位标准为依据，确定物流预备技师的培养目标为：面向物流企业，培养既具有丰富的物流专业理论知识、熟练的物流业务操作技能和基层业务管理职业能力，又具有创新能力和组织管理能力的综合型高技能人才。

在满足培养目标的前提下，根据课程设置的技术性、实践性和先进性要求，以正确的理论为指导，合理选择所需开设的课程以及课程开设的先后顺序和教学所需的课时。课程内容的前后衔接要符合物流预备技师人才培养的逻辑顺序与规律。同时，要认真进行调查研究，积极进行企业人才需求的调查，结合区域物流行业的特点，按岗位要求进行物流预备技师职业能力综合分析以科学设置课程。课程设置的合理性要能够在教学过程中进行有效运用，课程教学内容要与物流行业发展的最新技术、最前沿的理论水平、最新的业务发展趋势和岗位能力要求保持一致。

（二）课程设置的模块结构体系

科学构建物流预备技师教学课程结构体系是实现培养目标、提高专业教学质量的一项重要的基础性工作。过去一段时间，很多院校在课程设置上还存在着“重理论，轻实操”或“轻理论，重实操”的现象，严重影响了教学质量，导致培养出来的人才与社会要求有很大差距。因此课程设置必须以满足培养物流预备技师学生综合职业能力为核心。我们根据物流职业发展的要求提出“宽基础、活模块、大专业、细分化”的课程构建理念，构建了商务职业基础课程模块、物流专业核心课程模块、物流细分专业方向课程模块、物流专业选修课程模块，形成了物流预备技师培养的课程体系结构，具体包括以下四部分。

1. 商务职业基础课程模块

物流预备技师属商务职业范畴，必须具备商务职业的基础能力，因此深圳技师学院开设了商务职业基础课程。商务职业基础课程的设置原则是突出应用性，为专业服务。这些课程包括经济学基础、应用统计、电子商务、会计实务、商务礼仪、市场营销、国际贸易、商务英语、实用商务文书写作、通用管理能力等。商务职业基础课程模块的设置有利于培养学生商务职业方面的综合专业能力和素质，从而为他们今后的职业发展打下良好的基础。

2. 物流专业核心课程模块

包括物流管理基础、物流装备与技术、仓储与配送管理、企业物流管理、运输业务操作与管理、物流信息系统、国际贸易与单证、采购业务操作等，其设置目的是让学生掌握物流关键理论知识与专业技能，为学生以后进行相关专业知识与专业技能的学习以及职业发展和升迁提供良好的专业知识、能力和素质基础。

3. 物流细分专业方向课程模块

按物流行业特点，深圳技师学院将物流预备技师培养细分为国际物流、国际快递和商业物流三个方向，相对应的课程包括：国际物流方向的港口操作实务、国际货运代理、国际物流企业工作项目运作；国际快递方向的快递操作实务、快递业务管理、快递物流企业工作项目运作；商业物流方向的零售物流管理、物流客户服务、商业物流企业工作项目运作等。课程设置目的是实现学生的动手能力与目标企业岗位要求的有效对接，培养学生的专业知识、专业技能和专业素质，为提高学生的就业能力和岗位适应能力打下坚实的基础。

4. 物流专业选修课程模块

物流专业选修课程包括现代经济地理、现代物流行业分析、物流方案设计、物流行业基层主管、物流创业指导等。课程设置目的是以物流预备技师的市场需求和就业为导向，在专业课程学习的基础上，拓展学生的专业知识，增强学生的专业兴趣，从而根据就业岗位（群）所需的知识和技能构建多方向的课程模块。

（三）课程教学计划编制

深圳技师学院的物流预备技师课程教学计划是在课程设置的基础上按照“模块化、学分制管理、分阶段培养”的课程管理原则进行编制的。

1. 学分制管理

在物流预备技师四个模块课程的基础之上，根据学分制管理原则将课程分为三大类：

（1）必修课：根据专业的培养目标，将学生必须掌握的基本理论、基本知识和基本技能的相关课程列入必修课模块。

（2）限定选修课：根据专业培养目标的范围和特点，开设限定选修课程，把文化基础课、专业方向课和与本专业有密切联系的边缘学科知识、基础的科学训练及工程设计等作为限定选修课内容。要求每个学生在指定的范围内选修其中的若干课程。

（3）任选课：在教师或班主任的指导下，学生根据自己对知识和技能的需要或个人兴趣选修课程。这类课程以提高学生人文素质和扩大学生知识面为主。任选课分专业任选课和公共任选课，每个学生必须按教学计划要求修得规定的学分。

在课程管理上，必修课学分不能与限定选修课学分互换，必修课和限定选修课学分可以代替任选课学分，任选课学分不能代替必修课和限定选修课学分。

2. 分阶段培养

根据物流预备技师全日制高中起点的四年制的学制安排，深圳技师学院将物流预备技师培养分为三个阶段，采用“1 + 1.5 + 1.5”模式，即高中起点学生入校后第 1 年（在校第一、二学期）在校内完成中级工的培养要求，学习物流员阶段的相应课程，在第二学期结束前取得中级物流员职业资格证；随后的 1.5 年（在校第三、四、五学期）在校接受高级工的培养，学习助理物流师阶段对应的课程，在第五学期结束前取得助理物流师职业资格证；在校的最后 1.5 年（在校第六、七、八学期）以在企业技师工作站进行项目实践学习为主，业余时间返校上课，进行物流预备技师职业技能的综合培养，第八学期结束前经考核合格后取得物流预备技师职业资格证。

商务职业基础课程大多数被安排在物流员培养阶段，少数课程被安排在助理物流师培养阶段；物流专业核心课程模块教学安排的原则是与工作项目相匹配，根据其工作任务课程由易到难、由单一到综合地分布于物流员、助理物流师和物流预备技师培养阶段；专业方向课程及综合实践课程主要安排在物流预备技师培养阶段。

物流员培养阶段的重点是让学生熟知基本的物流业务环节以及培养他们的操作技能，要求学生必须通过物流员职业资格考试，并且能胜任物流员工作，以实现中级工的培养目标；助理物流师培养阶段的重点是培养学生物流业务操作、销售、客服等专业技能，并进一步提升学生的职业素养，要求学生必须通过高级工职业资格考试，并能胜任高级工的工作，实现高级工的培养目标；物流预备技师培养阶段的重点是培养学生物流业务管理技能，要求学生必须通过物流预备技师职业资格考试，并且能胜任物流预备技师的岗位工作，实现物流预备技师的培养目标。下面我们以四年制物流预备技师班（物流员阶段）教学进程表为例（如表 4 - 1 所示）来说明深圳技师学院物流预备技师课程教学计划的安排。

表 4－1　四年制物流预备技师班（物流员阶段）教学进程表

课程性质	课程类别	序号	课程名称	学分	学时			课程安排（周学时或开课周数）	
								第一学年	
					总学时	理论	实践	1	2
								18 周	18 周
必修课	商务基础能力课	1	体育	2	36	6	30	2	
		2	德育	2	36	10	26	2	
		3	商务语言表达与应用文写作	4	36	6	30	4	
		4	商务礼仪	2	36	6	30		2
		5	商务英语（一）	4	72	30	42	4	
		6	商务英语（二）	4	72	32	40		4
		7	计算机应用基础	2	36	6	30	2	
		8	经济学基础	2	36	18	18		2
		9	市场营销	2	36	10	26		2
		10	会计实务	4	72	20	52		4
		11	应用统计	2	36	10	26	2	
		小　计		30	504	154	350	16	14
限选课	物流员专业能力课	12	物流管理基础	4	36	18	18	2	
		13	物流装备操作	4	72	36	36	4	
		14	运输业务操作及管理	4	72	36	36		4
		15	仓储与配送业务操作及管理	4	72	36	36		4
		小　计		16	252	126	126	6	8
合　计				46	756	280	476	22	22

注：任选课未列入教学进程表。

（四）课程建设突出一体化项目课程

过去的课程教学理论与实践往往是分离的，或者虽然实现了理论与实践相结合的一体化教学，但也经常与企业的实际工作项目及岗位工作任务相分离，课程内容、教学方式与企业实际工作要求差距较大。因此，在物流预备技师培养的课程教学设置上应大力推行以工作过程为导向的项目课程改革。项目课程改革的目的在于：将以知识为导向的传统课程模式转变为以典型产品或服务的项目为课程设计逻辑主线、让学生完成完整工作过程的新型课程模式。项目课程模式非常适合物流预备技师培养要求，目前，深圳技师学院物流预备技师班的主干专业课已全部完成了项目课程的开发工作，实现了项目课程教学。

在项目课程改革的过程中，我们首先进行了物流预备技师培养专业市场调查，并与企业专家共同研讨，形成了以工作过程为导向、以项目课程为主体的专业教学计划，并在此基础上完成了专业核心课程的项目课程教材开发。在教材开发上，打破了原有教材中的传统学科体系模式或框架，以企业中典型的工作项目过程和主要工作任务为主线，注重技能点的训练与掌握，形成一套独特的项目课程教材。在教学中，每门专业核心课程都设置一个或多个典型工作任务项目，每个工作任务项目下又按完成项目的顺序设置多个子任务，每个子任务都与相应的知识点、技能操作点和职业素养要求相对应。在课程的实施方面，强化了“双师型”的师资队伍建设，确保课程的教学质量和教学效果。在教学资源上，对原有的专业实训室进行改造，以达到实施项目课程教学的要求。在教学评价上，按企业的相关岗位职业能力要求，对项目课程改革实践进行检验。以工作任务引领课程的进程，实现了理论、实操与工作任务有效结合的一体化教学模式，显著提高了教学质量和教学效率，保证了物流预备技师校内课程教学更加符合企业的实际工作需要。

（五）课程设置充分注重校企合作专家意见

作为用人单位，企业对于学校培养出来的物流预备技师是否能满足其需求拥有充分的发言权。从某种程度上来说，物流预备技师高技能人才的培养是校企共同教育的结果。因此，学校必须加强与企业的合作，根据企业的发展需要与岗位要求，不断完善课程体系，修订教学内容，改变教学方法，从而为企业输送更多合格的高技能物流人才。

深圳技师学院物流预备技师培养在课程设置方面非常注重与企业的合作，坚定不移地将校企合作作为培养物流预备技师的必由之路。学校聘请知名物流企业的专家组成“物流预备技师培养企业专家教学指导委员会”，充分听取企业专家的意见和建议，并且将校企合作贯穿于物流预备技师培养的整个教学组织过程，从专业市场调研、职业能力分析、培养目标确定、专业课程设置、教学计划制订、教学内容设计、教材编写、教学安排与实施到教学评价与考核以及学生到技师工作站进行企业项目实践和最终到企业就业的全过程，都必须坚持企业专家的参与，以使教学工作始终与行业发展最前沿保持一致，与企业的用人要求保持一致。校企双方共同研究与实施物流预备技师的培养，以保障物流预备技师培养的教学质量，从而保证物流预备技师人才培养目标的实现。

二、物流预备技师课程设置教学分析

物流预备技师教学课程必须根据其职业能力的要求进行设置。在校企专家进行专题研讨的基础上，我们对各培养阶段职业能力、教学目标和对应课程的分析如下（如表4－2、4－3、4－4所示）。

（一）中级工（物流员）阶段

表4－2　物流员职业能力与课程对接分析

职业能力分类	教学分析		模块对应课程
	学习领域	教学目标	
商务基础能力	体能与思想素质	良好的政治素养及心理素质 从业的基本道德及素质 良好的体能与体质 具有团队合作精神及承受能力	政治、体育、军训
	商务语言表达、交流与沟通	商务活动语言表达、阅读与写作能力	商务语言表达与应用文写作
	演算技能、逻辑思维	与专业相关的数学运算与应用能力	数学
	商务英语交流	商务英语读、写、听、说的基本能力	商务英语
	信息处理	计算机基本操作和信息处理能力	计算机应用基础
	商务礼仪素养	商务职业行为规范	商务礼仪
	经济分析	运用基本经济规律分析问题的能力	经济学基本原理
	成本核算	基本财务业务处理能力	会计实务
	数据整理与分析	数据统计与分析能力	应用统计
	法律应用	运用法律解决商务实际问题能力	经济法

（续上表）

职业能力分类	教学分析		模块对应课程
	学习领域	教学目标	
物流员专业能力	物流学基础	物流业务基础知识	物流管理基础
	商品养护	物品的保管和养护能力	商品知识实务
	物流装备及基本技术应用	物流装备的应用能力	物流装备与技术
	运输业务操作及管理	运输业务的操作及基本管理能力	运输业务操作及管理
	仓储与配送业务操作及管理	仓储配送业务操作及管理能力	仓储与配送

（二）高级工（助理物流师）阶段

表4－3　助理物流师职业能力与课程对接分析

职业能力分类	教学分析		模块对应课程
	学习领域	教学目标	
商务基础能力	求职技能	求职技巧及能力	就业指导
	商务管理基础	企业运营的基本管理能力	企业管理实务
	商务英语交流	商务业务所需的中英文口语交流与写作能力	商务英语
	商务单证处理	掌握货物进出口流程，具备基本的单证处理能力	国际贸易实务与单证
	电子商务操作	电子商务业务操作及管理能力	电子商务

（续上表）

职业能力分类	教学分析		模块对应课程
	学习领域	教学目标	
助理物流师专业能力	企业物流管控	企业物流的操作及基本管理能力	企业物流实务
	物流信息处理	熟悉物流信息技术工具，应用信息技术工具解决物流实际问题，初步掌握物流信息系统的规划和设计步骤	物流信息系统
	港口物流操作	熟悉港口特别是集装箱港口码头的业务操作流程和工作内容、职责，掌握码头的调度、理货、单证及商务等工作技能	港口物流实务
	零售物流业务操作及管理	连锁超市经营业务流程操作及管理能力	零售物流实务
	生产物流业务操作及管理	具备生产物料控制能力和生产企业销售物流业务处理能力	企业物流实务
	报关报检业务操作及管理	熟悉报关报检的业务流程，具备进出口货物“通关”处理能力	报关实务 报检实务
	物流营销业务操作及管理	掌握物流业务营销技巧，具备物流业务的电话、网络营销能力、客户沟通能力以及业务跟进能力	物流营销实务
	货代业务操作及管理	熟悉货代业务操作流程，具备货代业务运作能力	货代业务操作
	快递业务操作及管理	熟悉快递业务流程、岗位工作内容和职责，掌握快递业务操作技能	快递业务操作

(三) 物流预备技师阶段

表4-4　物流预备技师职业能力与课程对接分析

职业能力分类	教学分析		模块对应课程及专题
	学习领域	教学目标	
商务基础能力	心理素质	良好的职业素养、心理素质以及抗压能力	职业素养及心理辅导
	自我与团队管理	具备自我及团队管理能力	个人与团队管理
	交流与沟通	人际交往和组织协调能力	沟通与协调
物流预备技师专业能力	物流企业运营	物流综合业务的处理能力	物流企业运营综合实训
	物联网物流供应链管理	基于物联网环境下的物流供应链管理能力	物联网物流供应链综合实训
	国际物流业务操作及管理、项目实践(国际物流方向)	熟悉国际物流企业的资源情况和客户情况,把握国际物流行业发展的现状和发展趋势,熟练高效操作和管理国际物流业务	国际物流行业发展现状及趋势专题、国际物流企业资源分析专题、国际物流项目专题、企业项目实践(国际物流业务运作与管理)
	仓储与配送物流业务操作及管理、项目实践(商业物流方向)	熟悉仓储与配送企业的资源情况和客户情况,把握仓储与配送行业发展的现状和发展趋势,熟练高效操作和管理仓储与配送业务	仓储与配送行业发展现状及趋势专题、仓储与配送企业资源分析专题、仓储与配送项目专题、企业项目实践(配送业务操作与管理)
	快递物流业务操作及管理、项目实践(国际快递方向)	熟悉快递企业的资源情况和客户情况,把握快递行业发展的现状和发展趋势,熟练高效操作和管理快递业务	快递行业发展现状及趋势专题、快递企业资源分析专题、快递项目专题、企业项目实践(快递业务流程设计与优化)

三、物流预备技师专业主干课程

主干课程是教学课程体系中的基石和灵魂。主干课程是为实现物流预备技师培养目标及达到知识和能力结构目标而必须开设的主要课程，它对物流预备技师核心能力和综合素质的提升起关键作用。如果主干课程的确立及定位模糊、混乱、随意的话，那么整个物流预备技师培养的课程就会呈现出混乱、零散、难成体系的局面。

深圳技师学院自2007年9月第一届物流预备技师班招生以来，非常注重主干课程的开发和建设，通过准确地定位、严谨地筛选、不断地优化，结合企业岗位需求，现已构建出物流预备技师培养的主干课程体系，具体课程介绍如下。

（一）物流装备操作

物流装备操作课程主要包括仓储作业规划与设计、仓储机械设备现场作业、装卸搬运设备选用及操作、集装器具选用及集装操作、物流流通加工包装、分拣操作、物流信息系统操作等教学项目，目的是培养学生操作仓储作业机械、信息处理装备、包装及分拣装备等能力，使学生能胜任仓管员等岗位的工作。

（二）运输业务操作及管理

运输业务操作及管理课程主要包括运输方式选择，运输线路确定，物流运输优化方案设计，整车、零担、集装箱、特殊货物运输业务操作及管理等教学项目，目的是培养学生确定运输路线，设计运输方案，实施整车、零担、集装箱、特殊货物运输业务操作等能力，使学生能胜任运输调度员、运输单证员等岗位的工作。

（三）采购操作及管理

采购操作及管理课程主要包括实施采购计划、供应商信息收集、客户合同分类管理、定期跟进公司的采购业务、跟踪货物的运输过程等教学项目，目的是培养学生制订和实施采购计划、供应商选择、采购跟单、库存控制等业务操作方面的能力，使学生能胜任采购员、跟单员等岗位的工作。

（四）仓储与配送作业

仓储与配送作业课程主要包括仓储作业管理、仓储技术作业、配送中心及其作业管理、配送运输等教学项目，目的是培养学生基本的仓储和配送业务操作能力与管理能力，使学生能胜任仓管员、调度员等岗位的工作。

（五）企业物流业务操作及管理

企业物流业务操作及管理课程主要包括供应物流操作、生产物流管理、销售及回收物流操作等教学项目，目的是培养学生供应物流操作及管理、生产物流全过程控制、JIT 及看板生产、销售物流业务操作及管理等业务能力，使学生能胜任采购、仓管、物流计划员等岗位的工作。

（六）港口物流业务操作与管理

港口物流业务操作与管理课程主要包括集装箱码头调度业务、集装箱码头理货业务、散杂货码头调度业务、散杂货码头理货业务等教学项目，目的是培养学生的港口物流业务操作及管理技能，使学生能胜任港口理货员、调度员等工作岗位。

（七）货代业务运作

货代业务运作课程主要包括海运货代、陆运货代、空运货代、多式联运等教学项目，目的是培养学生货代的基本业务操作能力和管理能力，使学生能胜任货代企业业务员、操作员、单证员等工作岗位。

（八）物流信息系统操作

物流信息系统操作课程主要包括物流系统分析、物流系统设计、物流系统实施、物流商务经营、分布式物流系统、订货销售型物流系统、JIT/VMI 系统、电子商务系统等教学项目，目的是培养学生的物流信息系统操作能力和设计能力，使学生能胜任单证制作员、客服人员等工作岗位。

（九）快递业务操作

快递业务操作课程主要包括接单服务操作、查询服务操作、收取服务操作、派送服务操作、地面作业、口岸作业和进出口操作等教学项目，目的是培养学生快递的基本业务操作能力和管理能力，使学生能胜任快件服务员、派送员等工作岗位。

（十）物流企业运营综合实训

物流企业运营综合实训课程以物流经营管理沙盘模拟系统为载体，通过模拟真实环境中的角色，使学生了解物流各个环节的操作与管理，掌握管理物流信息的基本流程，了解各物流经营管理岗位上所需要的技能，掌握物流设备的基本原理与操作；通过实践与理论的结合，深化学生对现代物流理论的理解，培养学生的物流管理水平和操作能力；通过模拟物流企业经营过程中的主要物流环节来训练和提高学生物流管理的分析、决策以及执行能力，提高学生对物流企业经营管理的综合能力。

（十一）物联网物流供应链综合实训

物联网物流供应链综合实训课程以物联网供应链模拟系统为实训平台，系统引进了先进的物联网管理模式，让物流和物联网有机结合，帮助学生更快地适应在物联网环境下的物流供应链全过程的跟踪管理模式。物联网供应链实训平台分为电子商务平台、零售商、制造商、物流公司、原材料供应商、信息控制中心几大角色。教师根据课程需要设置运营场景，供学生参与实训。学生通过模拟物联网物流供应链管理过程的不同角色，提高对物流供应链的综合管理能力。

（十二）国际物流企业工作项目运作

国际物流企业工作项目运作课程是在物流预备技师培养最后一学年针对校企合作培养所开设的国际物流方向课程。学生通过与企业沟通以及在企业工作实践，根据培养小组的指导意见选定一个国际物流专题项目（备选项目有航线管理、订舱管理、业务费用分析、资源调度管理、出口业务操作、进口业务操作、保税物流、国际物流成本分析控制、国际物流费用结算等），制订国际物流项目实施计划方案书，经培养小组审议批准后实施，校企双导师进行全过程的跟踪和指导，并对实施结果进行分析总结。

（十三）商业物流企业工作项目运作

商业物流企业工作项目运作课程是在物流预备技师培养最后一学年针对校企合作培养所开设的仓储与配送物流方向课程。本课程采取讲座和互动研讨的形式，结合学生的实际工作岗位，分析学生在工作中即将或正面临的问题，以帮助其尽快适应本岗工作，提升专业技能。学生根据培养小组的指导意见选定一个仓储与配送物流专题项目（备选项目有承运商管理、运输调度、运输方案解决、车辆及设备管理、运输保险及事故处理、进出库管理、在库盘点管理、配送中心的选择与规划、配送解决方案设计、营业及客户服务、配送中心退货处理、配送中心成本控制与利润分析、绩效考核与管理等），制订配送物流项目实施计划方案书，经培养小组审议批准后实施，由校企双导师进行全过程的跟踪和指导，并对实施结果进行分析总结。

（十四）快递物流企业工作项目运作

快递物流企业工作项目运作课程是在物流预备技师培养最后一学年针对校企合作培养所开设的快递物流方向课程。根据培养小组的指导意见，学生选定一个快递物流专题项目（备选项目有快递渠道建设与维护、快递终端管理、快递操作、快递市场运作、快递客户服务、快递清关等），制订快递物流项目实施计划方案书，经培养小组审议批准后实施，由校企双导师进行全过程的跟踪和指导，并对实施结果进行分析总结。

四、物流预备技师主要实践教学

高技能人才培养区别于其他类型人才培养的一个重要方面，就是要突出对学生实践能力的培养。因此，在物流预备技师培养课程结构体系中要突出实践教学环节，强化学生综合实践技能的训练。这也是物流预备技师培养不同于传统学科体系教育的显著特征。其体现在课程建设上就是要改变实践教学在传统高校教育中的从属地位，真正坚持实践教学与理论教学并重的原则，即根据培养目标要求，专业实践教学必须具有独立的教学大纲、教学计划和教材；专业实践教学课时必须占整个教学课时的50%左右；专业实践教学的师资队伍建设及管理和理论教学必须得到同等重视。同时，要注意物流预备技师培养各阶段对技能掌握的不同侧重点，科学安排不同类型的实践教学环节。

（一）校内实践教学

1. 物流专题项目训练

物流预备技师培养要按照专业所对应岗位的主要工作任务设置专题项

目训练课程，专题项目训练课程要融入项目课程的实施中，以典型工作任务为主线设计训练项目，通过项目课程组织开展教学，并要求学生在课后独立完成相关训练科目。

以“运输业务操作及管理”这一课程为例，该课程具体可以分为运输业务组织、运输业务决策、运输业务单证操作及管理、运输费用计算及运输成本控制、运输业务客户服务、运输保险及运输风险控制、国内国际货物运输代理作业七个专题训练项目。为了开展好每个训练项目，可以对专题项目再进行细分，不断强化训练，如可以将运输业务决策训练项目分为运输工具选择训练、运输线路选择训练、运输方式选择训练、配载方案选择训练等，让学生能举一反三，直至掌握和熟练运用训练内容。

目前，深圳技师学院面向物流预备技师培养开设的专题项目训练课程包括运输业务操作及管理、采购操作及管理、仓储配送作业、快递业务操作、货代业务运作、港口集装箱实务等，各课程包括 6 ~ 10 个专题训练项目，所有课程合计近 50 个专题训练项目，涵盖了物流行业的主要专项领域。

2. 物流专业综合实训

物流预备技师培养按照专业综合技能要求开设了专业综合实训课程，包括物流企业运营模拟综合实训和物联网物流供应链管理综合实训。以物流企业运营模拟综合实训为例，物流企业运营模拟综合实训以物流运营模拟沙盘为实训载体，采取小组分工协作的形式，通过设立虚拟公司、模拟实操、课堂讨论、学生撰写各个经营环节的分析报告等教学方式，让学生担当不同的企业角色，模拟企业运作流程。教师的教学引导和学生的沙盘推演使学生能初步掌握企业管理的流程与经营运作，学生通过撰写各个经营环节的分析报告，提高了对物流企业的综合运营管理能力。

（二）校外实践教学

1. 暑期社会实践

在暑假期间，深圳技师学院鼓励学生进行社会实践，由教师布置实践课题，学生根据课题完成实践活动，要求学生填写实践记录并提交社会实践工作报告。按要求完成暑期社会实践者，可获 2 学分/次的课外学分鼓励。

2. 企业技师工作站实践

深圳技师学院在物流预备技师培养的最后一年安排学生进入企业技师工作站完成企业的实践训练，该实践旨在让学生取得企业相关岗位工作和项目运作的实践经验，使学生获得个性化的职业发展指导，由学校专业指导老师和企业指导老师组成的双导师实行全程指导和跟踪。具体的环节如下：①根据学生的特点和技能水平，结合当年行业发展及企业需求状况，安排学生到相应的企业实习；②由企业和专业教师共同确定实习工作项目，设计工作任务并提出工作要求，明确项目成果，制定专业技能和职业素质考核标准；③学生根据企业工作项目或任务内容，收集资料，制订作业方案，完成工作项目，提交项目报告，企业出具学生实习鉴定书。

企业实践主要由顶岗实习和企业课题研究两部分组成。

顶岗实习是指物流预备技师在完成学校的专业教学课程之后，到物流企业技师工作站直接现场参与生产过程，综合运用本专业所学的知识和技能完成一定的工作任务，并进一步获得感性认识，掌握操作技能，学习企业管理知识，养成正确劳动态度的一种实践性教学形式。顶岗实习不同于其他方式的地方在于它让学生完全履行其实习岗位的所有职责，学生要独当一面，这具有很大的挑战性，对学生的能力锻炼具有很大的实际作用。

企业课题研究是指以真实的企业项目为实践课题，根据物流企业的具体情况，按照物流预备技师能力标准，设置一系列的操作及管理研修课题并对其进行研究，如典型管理技术课题、综合业务操作及管理技能课题和物流业务操作及流程分析课题等，学生要提交实践项目报告并参加答辩。

表 4－5　物流预备技师实训与实践教学安排

实训与实践教学环节		时　间	内　容	地　点	考核方式
校内实践教学	专题项目训练	与相关项目课程教学同步进行	情景模拟现场操作	物流实训室	项目运作过程考核及总结性评价
	专业综合实训	第三年第二学期	物流综合业务操作	综合实训室	项目运作过程考核及综合实训报告
校外实践教学	暑期社会实践	第一年和第二年暑假	相关岗位工作	校企合作企业	提交社会实践工作报告
	企业工作项目实习	第四年全年	企业岗位实习和实践项目研究	物流技师企业工作站	企业工作业绩评价和企业项目实践报告与答辩

第二节 项目课程开发

项目课程开发是深圳技师学院物流预备技师人才培养工作的重要组成部分，其开发能力和水平是衡量一个学校创新和发展能力的主要标志。物流预备技师项目课程开发是一项复杂而综合的系统工程，开发内容包括确定每门项目课程目标、编制项目课程教学大纲、制订项目教学实施方案、选择课程内容、编写项目课程教材、组织项目课程教学实施、评价项目课程实施效果等。

一、项目课程开发的相关概念

（一）项目课程及项目课程开发

1. 项目课程

以工作过程为导向的课程简称项目课程。它是一种课程类型，是把企业生产、管理、经营、服务的实际工作过程作为课程的核心，把典型的工作任务或工作项目作为课程的内容，并与职业资格标准相衔接，包括由学生独立或以小组形式自主完成从信息收集、工作计划制订、工作任务实施、成果展示，到最后的工作总结评价等完整的工作过程。学生在这一过程当中获得综合职业知识和职业能力。

2. 项目课程开发

以工作过程为导向的项目课程开发，是将物流预备技师的职业分析、工作分析、行为结构分析、企业生产（或经营）过程分析和课程教学分析等结合在一起的综合性研究过程。最终开发出的适合物流预备技师人才培养的项目课程体系，包括项目课程大纲、项目课程实施方案和项目课程教材等。

（二）项目课程中的项目与任务

1. 项目概念及项目设计

（1）项目。

项目是一组具有相对独立性的工作任务，简单来说，项目就是一件完整且真实的事情，可将这件事情理解为一件产品的设计与制作、一个故障的排除、一项服务的提供等，如公路货物运输业务的策划实施、海运订舱业务方案的设计等。

（2）项目设计。

首先，项目设计要具有专业性，项目设计不是教师的自我设计，而是要根据整个物流行业的实际业务需求来进行的整合和设计，这样才能让学生真实了解整个物流行业的运作。其次，项目的设计既简单也复杂，说它简单是因为可以设计相对较小的完整项目或者一个单一项目，让学生进行学习，让学生体会到在整个物流行业中不同环节的作用；说它复杂是因为物流行业是一个复杂的行业，包含着很多的部门，它具体运作的时候需要各个部门的密切配合，所以教师在设计项目的时候要注重项目的整体性和现实意义。

2. 任务概念及任务分解

（1）任务。

任务是指工作过程中需要完成的单项工作，工作任务是岗位上职业活动的内容，它是联系个体与岗位的纽带。如公路货物运输业务组织项目包括车辆的选择、运输线路的设计、运输单证的填制、运输费用的计算四个单项任务。

（2）任务分解。

任务分解是指对某一岗位或岗位群中需要完成的任务进行分解的过程。这样做的好处在于能够熟悉每一个岗位的具体工作内容和所需要的职业技能，这是物流预备技师项目课程的关键环节，只有做好每一个岗位的分析才能做到在项目课程中有的放矢。如在物流运输业务中，就需要包括运输司机、现场监督员、单证员等在内的岗位。司机的任务是要将货物运到指定地点，监督员的任务是对货物在运输过程中的情况进行检查，确定货物的良好状态。至于如何确定各个环节的具体任务，学校可以聘请物流企业的专家进行研讨，对每一个岗位的主要工作内容进行准确的分析和讨论，并制订一个工作任务分析表。同时在任务分析过程中还要兼顾物流类专业的理论课程，不能为了完成任务而忽视理论学习，最好做到任务和理论相兼顾。

二、项目课程开发要求及原则

（一）项目课程开发要求

1. 项目课程开发前期准备

项目课程开发是一项复杂的综合性工作，在正式开始之前还需要进行一系列的准备工作，包括物流专业调研、工作岗位定位、工作任务分析等。专业调研的主要目的是调查物流所对应产业的发展趋势、人才结构与需求状况，以及技师学院培养物流预备技师的教学现状，以便寻找到彼此之间的差距所在，从而为项目课程开发提供原则性的建议。岗位定位是确定物流预备技师人才培养目标的基本方法，人才培养目标是对所培养的人才的总体要求，只有准确界定了人才培养目标，才能够准确把握课程体系设计的方向。工作任务分析是对物流预备技师这一职业或职业群所需要完成的任务进行分解的过程，目的在于掌握其具体的工作内容以及完成该任务所需要的职业能力，即职业素养和专业技能。

2. 项目课程开发要求

以工作过程为导向的项目课程开发，应当建立在整体的、过程导向的职业能力分析基础之上，要保持课程学习中工作过程的整体性（即在完整、综合的行动中进行思考和学习），同时还要强调以学生为中心，关注学生在行动过程中所产生的学习体验和个性化创造，强调对学习过程的思考、反馈和分析，重视典型工作情境中的案例分析以及学生的自主学习。

（二）项目课程开发原则

项目课程开发，应遵循以下几个原则。

1. 以职业能力培养为导向

以职业能力培养为导向是指在进行任务引领型课程开发时通过对职业岗位的分析和职业标准的理解，准确把握职业能力并具体落实到工作任务的各个环节即相应的学习情境之中。课程的设计不仅要关注“做什么”、“怎么做”，更要关注“为什么这样做”、“怎样做得更好”；不仅重视针对物流预备技师相关企业工作岗位的职业能力，而且关注在一定职业领域内可迁移的职业能力、职业态度和情感，为物流预备技师的职业生涯发展奠定基础。

2. 以工作任务分析和完整工作过程为主线

以工作过程为导向的项目课程开发必须立足于工作任务分析，根据完整的工作过程进行项目任务设计和课程的教学设计。同时，把握好工作难易程度的过渡和工作过程之间的衔接，尽量营造真实的工作环境和氛围，并在这种氛围中培养物流预备技师的职业能力和综合素质。

3. 任务目标应较明确且具较强的可操作性

在项目课程开发过程中，任务的设计对课程开发的成功具有重要的影响。因此，任务是否具有较强的可操作性，任务的实施过程是否涵盖了课程对知识和能力培养的要求，任务是否有明确的目标，任务要达成的目标是否能够准确地分解到各个学习情境中，并与相应的教学目标一致等因素都是应着重考虑的。

4. 在开发过程当中应注重企业的积极参与

在课程设置部分，我们已经阐述过校企合作始终贯穿于物流预备技师培养的整个过程之中。而在项目课程开发的过程中，校企合作机制同样具有非常重要的作用。一方面，许多课程的开发环节需要企业专家的深度参与；另一方面，项目体系的建立也需要得到企业支持。要动态地获得真实项目，必须通过多种形式来建立深度的校企合作机制。

三、项目课程开发流程与主要内容

以工作过程为导向的项目课程开发是一个复杂的过程，而实现课程模式的变革更是一项系统而复杂的工程，为了保证课程开发的顺利进行和开发目标的达成，就必须要有完整的开发思路和严谨的开发流程。

物流预备技师项目课程开发的流程是：确定项目课程目标、课程设计与职业能力分析、编制项目课程教学大纲或课程标准、制订项目课程实施方案、选择与组织课程内容、编写项目课程教材、组织项目课程教学实施、根据项目课程标准进行课程评价。教材编写、教学实施、课程评价等内容将在本章后续几节进行分述。

（一）确定项目课程目标

课程目标是培养目标的具体化，是物流预备技师培养的各阶段要达到的知识、技能和态度的水平。进行项目课程开发之前，首先要明确每门课程的目标，即必须明确课程与培养目标的衔接关系，以确保其要求能在课程中得到体现。其次，要对物流预备技师人才的特点、社会的需求、学科的发展等各个方面进行深入调查研究，在此基础上，确定行之有效的课程目标。确定课程目标，有助于弄懂课程编制者的意图，使制定各门课程时不仅能注意到学科的逻辑体系，而且还能关注到教师的“教”与学生的“学”，关注到课程内容与企业需求的关系。在陈述课程目标时，应该做到明确、清晰、具体。

以“货代业务操作”课程目标的确定为例。在经过前期的市场调研、头脑风暴后，学校确定了这门课程的目标为：结合企业的实际岗位工作要求，让学生掌握国际货代业务的开发、策划、运作及管理的流程及其基本技巧，使学生具备进行货代业务的开拓、组织、实施及跟踪管理的能力，提升学生的综合管理、职业道德、财务意识及风险控制等在商务和物流管理方面的综合素质，切实保证学生毕业后能顺利走上货代行业的工作岗位。

（二）课程设计与职业能力分析

项目课程设计的基本参照点是工作项目，同时也要考虑工作任务，要求按照物流预备技师工作的相关性，而不是知识的相关性（学科课程）来设置课程结构体系。职业能力分析是确定项目课程内容、顺序和课时比例的基本依据。物流预备技师项目课程开发的首要环节就是将物流员、助理物流师和物流预备技师三个阶段应完成的工作项目、工作任务、职业能力与对应的课程进行有效合理的匹配。下面以物流员层级仓储作业和陆路运输两个工作项目为例进行分析，具体内容如表 4 - 6 所示。

表4－6　课程设计与职业能力分析

培养目标	工作项目	典型工作任务	对应课程	职业能力
物流员（中级工）	1. 仓储作业	1－1 仓储作业规划与设计	1. 物流装备操作 2. 仓储与配送作业	1－1－1 了解仓储的平面与立体空间并对其进行有效利用
		1－2 商品分类储存管理		1－2－1 能了解商品特性（如品名、规格、型号、条码等），并根据商品特性进行分区分类 1－2－2 能针对不同的货物进行不同的堆垛
		1－3 仓储现场作业		1－3－1 了解商品出入库的方法，制定相应的现场生产流程
		1－4 仓储订单信息处理		1－4－1 能根据客户的订单计划打印相应出入库信息 1－4－2 能对各种仓储订单进行整理、归档，有一定的财务管理知识
		1－5 装卸搬运设备选用		1－5－1 熟悉装卸搬运设备的主要参数及分类 1－5－2 会根据作业条件选用装卸搬运设备
		1－6 集装器具选用及集装操作		1－6－1 熟悉集装器具主要参数及分类 1－6－2 能根据物品特性、集装要求及装货条件选用集装器具
		1－7 物流流通加工包装		1－7－1 掌握流通加工的操作方法，熟悉包装材料的种类和包装方法 1－7－2 会制订流通加工方案，懂得常见包装保护操作程序
		1－8 分拣		1－8－1 会订单别、批量及综合分拣操作
		1－9 物流信息系统操作		1－9－1 会根据不同的物流业务应用条形码、EDI和GPS等信息系统工具，提高物流作业效率

（续上表）

培养目标	工作项目	典型工作任务	对应课程	职业能力
物流员（中级工）	2. 陆路运输管理	2-1 区域配送作业	运输业务操作及管理	2-1-1 会选择优化运输方式和线路，安排运输工具和人员 2-1-2 能合理配载、调配车辆 2-1-3 熟悉可调配车辆的车型与车辆性能 2-1-4 准确把握车辆到起点和终点的时间 2-1-5 能根据不同客户的要求制订车辆调配计划，使资源运用达到最大化
		2-2 城市配送作业		2-2-1 能做出相应的操作计划 2-2-2 了解本市的运输路线，合理调配资源
		2-3 车辆跟踪		2-3-1 能与司机定时沟通以及能对车辆异常情况进行处理 2-3-2 能及时向客户汇报准确的信息 2-3-3 能够及时了解车辆的在途运输情况 2-3-4 能够使用 GPS 系统对在途车辆实行跟踪
		2-4 运输单证操作		2-4-1 会制作必要的运输业务单证 2-4-2 会看订单的日期、起点、终点及订车的吨位 2-4-3 能与客户确认货物的仓期 2-4-4 能根据客户的订单制订相应的操作计划 2-4-5 能做到对运输单据进行适时跟踪与回收
		2-5 运输费用计算		2-5-1 会对运输业务进行询价及报价，能计算在运输业务中所产生的费用和制作统计报表

工作项目、工作任务、职业能力与课程门类并非是一一对应的，其间存在着一个复杂的转换过程。因为不同项目所需要的学习课时是不一样的，而不同课程在课时分配上应有均衡性。所以，以工作任务分析为基础来确定物流预备技师培养的教学课程门类，需要重新对工作项目进行合理的组织，对于那些知识含量比较少的工作项目，我们可以把它们综合在一起构成一门课程。

合并的基本技术要求是依据工作的相关性，而不是知识的相关性。这是打破原有的学科课程体系，建构以项目课程为主体的新课程体系的关键所在。工作项目合并时应遵循两个基本原则，即相关性原则和同级性原则。相关性原则指要尽量把那些工作内容相关性程度比较高的项目合并在一起，同级性原则是指所合并的工作项目应当是处于同一个能力层级的。

（三）编制项目课程教学大纲或课程标准

教学大纲是一门课程或某一实践教学环节的基本教学指导文件，是选编教材、制订授课计划、实施教学过程和检查教学质量的依据。在项目课程教学大纲的编制过程中要特别注意，所有的教学都要以项目教学的形式出现，并尽量与实际工作过程相衔接。

项目课程教学大纲的信息内容是编制工作的主要对象。由于各个学院对不同课程的教学大纲要求不同，大纲内容也不尽相同。从总体上讲，教学大纲正文部分应包括以下内容：

（1）课程性质和任务，从宏观上说明本课程的性质和主要任务。

（2）课程内容及基本要求，基本要求主要是学生的知识和能力要求目标。

（3）课时分配表，具体包括每个项目名称、对应课时以及合计总课时等。

（4）考核方法，具体包括对课程考核的方式、占分比例、考核要求等进行说明。

（5）教学说明或建议，针对该项目课程教学的说明或建议。

有些大纲为了方便管理和查询，还增加了课程编号、编制人、制订日期、修订日期、审定组（人）、审定日期等内容，以及课程对应的学分、学时、适用专业、教学条件、主要参考书等。

（四）制订项目课程实施方案

项目课程实施方案是指项目课程中的每一项目转换到教学过程中时具体完成的计划，它与课程教学大纲、教材、教案、授课计划、课堂日志共同构成了课程实施的主要教学资料。

项目课程实施方案的主要内容应包括以下几点：

（1）项目内容，具体又分为专业知识和项目中包含的实训内容，其难点在于将企业的实际项目转化为可实施的课堂教学项目。

（2）项目要求，主要是对学生在知识、能力、素养方面的目标要求。

(3) 教学资源，包括对授课教师的资格要求、实训场地及设备的配备、软件支持等方面的要求。

(4) 工作任务分解及课时分配，说明每个项目包含的任务及对应的课时。

(5) 项目考核，具体包括对每个项目完成情况的考核，包括项目名称、考核主体、评分项目、评分标准和评分依据、评分结果及教师评语等。

(五) 选择与组织课程内容

1. 选择课程内容

课程内容是指各门课程中特定的事实、观念、方法和需要解决的问题，它是实现课程目标的载体，在多数情况下是以教材或讲义的形式出现的。一旦对课程目标有了明确的表述，就在一定程度上为课程内容的选择和组织提供了一个基本的方向。

对课程内容的选择，是课程开发过程中的一项基本任务。在选择内容时，除了要考虑与目标的相关性之外，还要考虑到内容的科学性和实用性，内容对学生和社会的实际意义，学生是否容易接受和掌握这些内容，以及它是否与物流预备技师人才培养目标和企业的用人要求相一致等问题。

以“货代业务操作”课程内容的确定为例。经过多年的教学实践以及结合走访企业收集到的信息，学校最终确定以业务员、操作员及单证员三个主要工作岗位所对应的职业能力为基础，明确了课程内容应包括货代业务运作、业务单证制作及财务结算三大模块（如表4－7所示）。

表4－7　货代课程内容分析

典型工作任务	对应岗位	职业能力
1. 货代业务运作	业务员 操作员	1－1 能对资源市场进行分析
		1－2 能根据目的港（目的地）来分析要走的航线及运输方式并进行订舱
		1－3 能将航运信息及时反馈给相关部门及海外代理
		1－4 能进行资源调度、综合业务操作，掌握特殊商品与危险商品的处理方法

（续上表）

典型工作任务	对应岗位	职业能力
2. 业务单证制作	单证员	2－1 能识别 HAWB（航空分运单）和 MAWB（航空主运单）
		2－2 能根据商品的毛重、净重算出计费重量
		2－3 能识别各港口所属国家及港口三字代码，能识别正本提单和电放提单
		2－4 能识别各个航空公司代码
		2－5 能识别各个船公司订舱单
		2－6 能确认船名、航线、开船日期、中转地、目的地
		2－7 能识别海运条款
		2－8 能制作货代单证
		2－9 能进行货代单证跟踪管理
3. 财务结算	操作员 业务员	3－1 能进行货代业务成本分析
		3－2 能根据运输条款及费用结算方式结算费用

2. 组织课程内容

课程内容的组织需要重视顺序和范围两个问题。顺序是指课程内容在纵向上的组织和安排，合理安排课程内容可使学生通过合乎逻辑的步骤不断取得学习上的进步。范围是指课程内容在横向上的安排，精心限定课程范围可使内容尽可能对学习者有意义并具有综合性，而且在既定的时间内能够完成。

项目课程内容是以项目为载体来划分课程结构的，整个课程由若干个项目组成，每个项目又被细分为若干个任务。每个项目或任务都应有工作情境的描述。而表4－7中由行业专家分析的典型工作内容相互独立，但它们在实际工作过程中却又相互交叉，这种形式对于教学的组织来说显然是不利的。

如何才能以典型产品（服务）为载体来设计教学项目呢？根据职业教育的特点，应结合知识的难易程度、知识的内在逻辑、能力的发展阶段，按工作体系对上述成果进行重新梳理、细化，以工作过程为主线，以物流业务的典型服务为项目，交叉组织各岗位完成各项典型工作任务，从而达到知识、能力以及人格全面有序的提升。

以“货代业务操作”课程内容的组织为例。货代工作的开展大致按以下步骤进行：工作准备→拓展业务→受理业务→具体运作→结算善后，按此流程，可将课程内容确定为八个项目：建立物流服务资源信息库、揽货、订舱（海、陆、空）、组织境内运输、代理报关报检、组织跨境运输、货物交付、费用结算。除第一个项目是入职准备期培训项目，费用结算为业务完成后的善后工作外，其余六个项目完全是按业务组织流程开设的，既可单独作为货代的典型业务，又可将其任意组合为或大或小的综合型业务。

经修正后，课程内容更加清晰，与企业实际结合得更加紧密，如表4－8所示的订舱环节。

表4－8　修订后的货代课程内容分析表——订舱

项目	工作任务	知识目标	能力目标
订舱排载	受理业务	1. 熟悉各种运输工具舱位提供方式 2. 熟悉货代的基本业务 3. 熟悉业务受理程序	1. 能提供订舱咨询服务 2. 能初步设计物流线路及服务方案 3. 能估计相关物流成本
	办理订舱手续	1. 熟悉订舱流程 2. 熟悉订舱要求，如所需单据、相关部门的作业要求 3. 熟悉国际货运各业务环节的时间需求 4. 了解拼箱货物订舱 5. 了解特种货物订舱 6. 了解禁运条件	1. 能告知并核查客户所提供资料及信息 2. 能使用业务软件进行电子（书面）申报，办理订舱排载手续，并进行订舱确认 3. 能按客户业务需求制订时间进程表 4. 能与航空公司、船公司、客户及相关部门进行有效沟通 5. 能够进行变更或取消订舱操作 6. 能预计订舱风险

四、项目课程开发案例——《运输业务操作及管理》项目课程开发

案例1　《运输业务操作及管理》项目课程开发

一、《运输业务操作及管理》课程教学大纲

（一）课程性质和任务

1. 课程性质

本课程是物流管理专业的一门专业核心课程，涉及货物运输市场的调

查、现代运输系统的种类与特点、运输方式的选择、运输线路的确定与优化、运输成本报价及费用、各运输方式作业流程、集装箱运输管理、承运商开发及管理、特种货物运输、运输合同管理、运输风险的分析与防范等内容。本课程既有理论指导性，又有实际操作性，是一门实用性很强的课程。

2. 课程任务

本课程要求学生在掌握基础理论知识的同时，还必须掌握运输业务的基本操作技能。本课程承担学生综合素质培养的任务，为学生后续课程的学习和毕业就业打好基础。

(1) 掌握现代运输系统的特点、五种运输方式的特点和适用范围、国际多式联运的特点等，掌握各类运输业务的组织过程和要点。

(2) 掌握物流运输管理在物流运输企业中的具体运用，包括运输方式的选择、运输工具的选用、运输线路的设计、运输人员的调配和货物装载等运输决策技能。

(3) 掌握运输成本分析及成本核算、运输价格特点和报价技巧、运输费用的计收、运输利润的最大化等，掌握运输成本控制的方法。

(4) 掌握运输合同的管理、运输业务责任的划定，了解运输相关单证的流转及其作用、了解运输保险索赔程序，掌握必要的运输风险分析和控制措施。

本课程的先行课程包括物流管理基础、物流英语与计算机、物流装备与技术等。本课程的后续课程包括国际货代业务操作、国际快递业务操作、港口物流实务等。

(二) 课程内容及要求

1. 教学内容

(1) 公路货物运输业务组织；

(2) 铁路货物运输业务组织；

(3) 航空货物运输业务组织；

(4) 水路货物运输业务组织；

(5) 综合货物运输业务组织。

2. 课程要求

(1) 熟悉五类运输方式的优缺点、现代运输系统的种类与特色、运输业务中的各个角色及其职责。

(2) 了解各类运输单证作用与填制方法、现代运输合同的编写方法和运输保险相关管理知识等。

(3) 熟悉运输业务的操作流程和操作要点，包括单一方式运输和国际多式联运的组织方法；熟悉标准化作业、规范化作业、最优化作业等要求。

(4) 了解物流运输成本核算管理、物流成本分析与控制的方法、运输报价的格式与技巧，掌握各种运输方式运费的计算方式和步骤等。

(5) 能运用现代运输业务操作的基本方法，对于普通货物、特殊货物的单一运输业务操作能进行同一运输工具的联合运输和国际多式联运的业务操作和组织。

(6) 能与客户进行一般的业务沟通和协调，以及对运输业务的咨询解答、业务报价、运输信息客户反馈、运输异常情况进行协调与处理。

(7) 能快速计算各种运输方式的运费，并制作相关运输单据，进行合同条款拟定与磋商以及运输投保与运输事故理赔处理。

(8) 能灵活运用物流运输调度、决策、方案优化的常用方法。

(三) 项目课时分配与考核权重（如表4－9所示）

表4－9 项目课时分配及考核权重

序号	项目名称	课时（周）	考核权重	备注
1	公路货物运输业务组织	24	40%	
2	铁路货物运输业务组织	12	10%	
3	航空货物运输业务组织	10	10%	
4	水路货物运输业务组织	12	15%	
5	综合货物运输业务组织	14	25%	
合 计		72	100%	

(四) 课程考核

课程考核以项目考核为依据，按项目权重进行总评（如表4－10所示）。

项目学习结束后，学生应提交项目技术总结，导师要对学生的工作和学习态度、工作业绩、知识及技能提升等进行评价。

专业知识以卷面或答辩的形式进行考核，专业技能以学生独立完成典型工作任务的方式进行考核。

表4－10　职业功能模块过程考核评价

专业：	班级：　　　　姓名：　　　　学号：		指导教师：
序号	工作项目名称	考核权重	得分
1	公路货物运输业务组织	40%	
2	铁路货物运输业务组织	10%	
3	航空货物运输业务组织	10%	
4	水路货物运输业务组织	15%	
5	综合货物运输业务组织	25%	
合　　计		100%	

（五）教学建议

采用双导师制教学方式，由学校骨干教师和企业专家共同指导学生，引导学生完成运输业务操作职业功能模块课程各项目的学习。安排学生在运输企业进行参观并接受现场教学，完成一定的运输业务操作任务，参加典型的运输业务操作项目。

学生需完成“接受任务、收集资料、制订方案、运输作业、质量检验、总结经验”等各个学习环节的任务。

二、《运输业务操作及管理》项目课程实施方案

（一）教学项目一：公路货物运输组织

1. 项目内容

（1）专业知识。

本项目的专业知识包括公路运输车辆知识、公路交通网信息、公路运输业务受理环节、业务中涉及的费用类别、公路货物托运单和签收单知识、公路货运合同及双方权利义务、人员及车辆调度知识、公路运输业务操作流程等。

（2）实训内容。

给定某公路货物运输业务情境，将其分解成以下实训任务，让学生来完成：①选择最合适的公路车型、线路、人员；②进行公路运输业务的受理和客户沟通；③计算公路货物运达所需要的费用和时间；④进行简单的运输业务询价、比价和向客户报价；⑤填制公路运输的货物托运单和货物签收单；⑥拟定公路运输合同，处理合同纠纷和保险理赔；⑦对公路货物运输业务过程进行整体设计和组织。

2. 项目要求

（1）正确识别各类公路车型，要求能准确识别6种公路货车车型；

（2）准确、快速地制作公路货运单，要求不低于20分钟/单；

（3）准确、快速地计算公路货物运到期限及所需运费，要求运费计算和运到期限计算不能出错，并不超过20分钟/单；

（4）熟练操作物流运输软件；

（5）能针对客户的业务咨询进行解答，与客户进行业务沟通，能进行业务报价；

（6）能完整流畅地完成公路货物运输业务流程，要求流程的各环节不遗漏、不重复、不错位。

3. 教学资源

（1）教师团队由专业骨干教师及企业专家组成。教师需具备本专业讲师以上职称或物流师、高级物流师国家职业资格。

（2）良好的校企合作资源，企业能够配合课程项目的开展，能够安排现场教学活动。

（3）现代化的多媒体教室，可容纳40人，配备投影仪、话筒等。

（4）动态的“运输管理实务”教学软件。

（5）手推车2台，对讲机4部，《全国公路行车地图册》6本，《公路运输委托书》、《公路运单》及计算器每人1份，散货、箱装货物、袋装货物等若干。

（6）与课外实践活动相结合，让学生利用课余时间去深圳的公路货运场或公路货运企业进行调研，满足学生的实践需求。

4. 工作任务分解及课时分配（如表4-11所示）

表4－11　工作任务分解及课时分配

教学项目	任务	任务分解	课时
公路货物运输组织	任务下达前的准备	1. 项目引入：播放公路货物运输视频，让学生建立对公路货运的直观印象；向学生提问，要求他们回答印象中公路运输的情况，如优缺点、速度等；教师点评公路运输的基本知识 2. 小组之间根据《全国公路行车地图册》查找全国公路主要干线网络；教师总结出公路等级和全国主要公路干线分布 3. 布置作业：要求学生搜集有关公路货运的基本知识，包括相关的法律法规，之后教师对其进行总结	2
	工作任务下达	1. 教师向各组学生分别下达一单公路运输业务任务 2. 学生讨论《运输委托书》的作用和主要信息栏的含义、运输业务受理的方式 3. 教师点评及总结，并向学生示范现场客户接待和业务受理沟通的案例 4. 教师组织学生讨论案例中正确与错误的地方，总结客户沟通的基本原则与技巧	2
	选择和设计线路	1. 教师讲解运输线路选择的类型和要考虑的因素 2. 学生结合所讲解的内容，打开地图册，并结合各自的运输任务，完成小组的运输线路选择任务 3. 教师在此过程中指导学生，并解答学生疑问 4. 教师检查各组任务完成情况，进行考核、点评、总结	2

（续上表）

教学项目	任务		任务分解	课时
公路货物运输组织	工作任务分析及完成	计算运费并向客户报价	1. 教师讲解公路货运的费用类别和成本分析 2. 向学生示范公路货运费用的计算过程和方法 3. 根据演示的方法和步骤，组织学生进行小组任务的公路货运费用的计算，要求在15分钟内完成 4. 分析案例，组织学生讨论运输报价的技巧	2
		准备运输单证	1. 讲解《公路运单》的作用及信息栏的含义 2. 布置课堂练习：根据案例要求学生迅速准确填制公路运单，指导学生制作公路货运单证，要求学生最终能做到平均10分钟完成一份运单 3. 教师检查各组任务完成情况，进行考核、点评、总结	2
		调派运输人员	1. 讲解公路运输各岗位的工作特性和职责，以及在人员调配过程中对人员性格特点的考虑 2. 演示安排运输人员的方法和步骤 3. 组织并指导学生在小组内现场完成各运输人员工作任务的分配	2
		调派运输车辆	1. 讲解公路运输的各类车型、特点及载重量等 2. 讲解各类货物对公路运输车型的要求 3. 组织学生讨论实际完成各小组任务的车辆选择，并考虑车辆的车况及需养护状况等	2
		货物装载、运输、交付	1. 演示货物包装储运的安全标志，向学生提问并要求其作出回答 2. 讲解货物装运安全的重要性和提高装载率的方法 3. 各组讨论并提出本组项目中货物装运的安全措施 4. 抽选一组学生模拟演示车辆运输和交付签收过程中的信息跟踪、协调、指挥、客户反馈、沟通过程 5. 教师对安全措施和模拟过程进行点评、总结	2
		货物运输合同及运输业务纠纷处理	1. 教师引入货物运输时出现的业务纠纷案例 2. 组织学生讨论以上案例中托运人、承运人、收货人在运输业务中的权利和义务 3. 教师总结货物运输合同的重要作用和纠纷解决的原则与方法	2

（续上表）

教学项目	任务		任务分解	课时
公路货物运输组织	工作任务分析及完成	货物运输保险及理赔	1. 演示货物运输交通事故的图片和案例，引入课程 2. 讲解货物运输风险控制的重要手段 3. 讲解保险的险种、保费和购买理赔程序等	2
		其他特殊货物的运输	1. 展示几幅危险品货物的图片，就危险品的相关知识向学生提问，包括危险等级和危害特性 2. 讲解其他几类特殊货物的运输要求，包括超限货物和鲜活类冷藏货物 3. 视频播放特种货物运输的全过程，让学生对其有感性认识	2
	任务完成情况汇报及总结		1. 各小组总结汇报公路运输任务的完成情况 2. 教师讲解公路整车、零担、集装箱、包车运输业务的区别，以及公路运输业务的基本过程和辅助过程 3. 对小组成员进行考核，教师评分并总结	2
合　计				24

5. 项目考核（如表 4－12 所示）

表 4－12　职业功能模块过程考核评价

专业：　　班级：　　姓名：　　学号：　　指导教师：								
课程名称：运输业务操作及管理　　项目名称：公路货物运输业务组织 项目得分：								
评价项目	评价标准	评价依据	评价方式			权重	得分小计	总分
			小组评价	学校评价	企业评价			
			0.1	0.9				
职业素养	工作态度，安全责任意识，沟通表达能力，团队合作精神	学生考勤表、课堂表现登记表、每位学生在小组中的任务比重和完成情况、课前资料搜集的数量和质量				0.2		

（续上表）

专业能力	准确选择线路、计算运费和报价，准确填制运单，准确设计操作流程，购买运输保险及处理理赔，签订运输合同及解决运输业务纠纷	运输线路选择方案、运输计算结果、公路运输报价单、公路货运托运单、运输合同、运输业务流程图				0.7		
其他方面	创新意识、独到的认识和见解等	工作总结，有超越教材、超越教师、超越企业专家的提议和观点等				0.1		
指导教师综合评价	指导教师签名：　　　　日期：							

（二）教学项目二：铁路货物运输组织

1. 项目内容

（1）专业知识。

本项目的专业知识包括铁路运输车辆知识、铁路交通网信息、铁路运输业务受理环节、业务中涉及的费用类别、铁路货物托运单和领货凭证知识、铁路货运合同及双方权利义务、运输计划制订知识、铁路运输业务操作流程等。

（2）实训内容。

给定某铁路货物运输业务情境，将其分解成以下实训任务，让学生来完成：①选择最合适的铁路车型、线路、托运方式；②进行铁路运输业务的受理和客户沟通；③计算铁路货物运达所需要的时间和费用；④填制铁路货运单和进行单据的流转；⑤进行铁路货物运输业务过程的组织。

2. 项目要求

（1）正确识别各类铁路车型，要求能准确识别6种铁路货车车型；

（2）能准确、快速地填制铁路货运单，要求不低于20分钟/单；

（3）能准确、快速地计算铁路货物运到期限及所需运费，要求运费计算和运到期限计算不能出错，并不超过20分钟/单；

（4）能针对客户的业务咨询进行解答以及进行业务的受理工作；

（5）能完整流畅地完成铁路货物运输业务流程，要求流程的各环节不遗漏、不重复、不错位。

3. 教学资源

（1）教师团队由专业骨干教师及企业专家组成。教师需具备本专业讲师以上职称或物流师、高级物流师国家职业资格。

（2）良好的校企合作资源，企业能够配合课程项目的开展，能够安排现场教学活动。

（3）现代化的多媒体教室，可容纳40人，配备投影仪、话筒等。

（4）动态的"运输管理实务"教学软件。

（5）手推车2台，对讲机4部，《全国铁路行车地图册》6本，《铁路运单》及计算器每人1份，散货、箱装货物、袋装货物等若干。

（6）与课外实践活动相结合，让学生利用课余时间去深圳的铁路货运场或铁路货运代理企业进行调研，满足学生的实践需求。

4. 工作任务分解及课时分配（如表4－13所示）

表4－13　工作任务分解及课时分配

教学项目	任务	任务分解	课时
铁路货物运输组织	任务下达前的准备	1. 项目引入：播放铁路货物运输视频，让学生建立起对铁路货运的直观印象 2. 组织学生讨论，让学生回答印象中及视频中的铁路运输情况，如优缺点、速度、重要地位等；教师进行总结和点评 3. 布置学生利用《全国铁路行车地图册》查找并标注出主要铁路路线，教师指导学生完成整个过程并检查完成情况，总结出我国主要的铁路局和铁路干线 4. 布置作业：根据书本及网络资料，搜集出铁路运输基本知识点，包括铁路货运的法律法规	2
	工作任务下达	1. 教师向各组学生分别下达一单铁路运输业务任务 2. 学生进行小组内角色分工和工作责任确定 3. 完成铁路整车、零担、集装箱运输类型的业务受理	1

（续上表）

教学项目	任务		任务分解	课时
铁路货物运输组织	工作任务完成	选择车型	1. 教师向学生展示不同货车车型的图片，讲解铁路货车车型的特点和适载的货物 2. 组织学生讨论，完成各组实际业务的车型选择 3. 教师检查并进行评价考核	1
		计算运费和运到期限	1. 讲解铁路货物正常运输交付的运到期限，并举例演示计算过程 2. 讲解铁路货物运费的计算方法和步骤，并举例演示计算过程 3. 布置课堂练习：各组完成本组项目中的对应工作，要求学生在 20 分钟内完成 4. 老师现场巡查，指导各组完成任务，之后进行点评和总结	1
		制作单证及流转	1. 展示铁路货运单、领货凭证、货票等单证的样本，讲解其含义和作用 2. 展示铁路货运单证的填制过程，讲解制作单证过程中的注意事项 3. 组织学生完成铁路运单的填写和流转，要求学生能准确回答铁路运单中信息栏的含义，且在 15 分钟内完成铁路运单的填制，并且流转过程无误	2
		组织发运及交付签收	1. 学生按角色进行业务过程模拟，完成铁路货运的受理、称重、装运、中转、交付、签收等业务环节 2. 评价小组演示结果，组织学生讨论并总结出铁路托运过程中的注意事项，特别是安全意识方面 3. 布置任务：要求学生总结并绘制铁路货运的业务流程图，讲解任务要点及注意事项	2
	工作总结		小组汇报铁路运输业务完成情况，老师进行考核、点评、总结	1
	合计			10

5. 项目考核（如表4－14所示）

表4－14 职业功能模块过程考核评价

<table>
<tr><td colspan="9">专业：　　班级：　　姓名：　　学号：　　指导教师：</td></tr>
<tr><td colspan="9">课程名称：运输业务操作及管理　　项目名称：铁路货物运输业务组织
项目得分：</td></tr>
<tr><td rowspan="3">评价项目</td><td rowspan="3">评价标准</td><td rowspan="3">评价依据</td><td colspan="3">评价方式</td><td rowspan="3">权重</td><td rowspan="3">得分小计</td><td rowspan="3">总分</td></tr>
<tr><td>小组评价</td><td>学校评价</td><td>企业评价</td></tr>
<tr><td>0.1</td><td colspan="2">0.9</td></tr>
<tr><td>职业素养</td><td>工作态度，安全责任意识，沟通表达能力，团队合作精神</td><td>学生考勤表、课堂表现登记表、学生在小组中的任务比重和完成情况、课前资料搜集的数量和质量</td><td></td><td></td><td></td><td>0.2</td><td></td><td rowspan="3"></td></tr>
<tr><td>专业能力</td><td>准确选择车型和线路，准确计算运费和运到期限，准确填制铁路单证和流转，准确完成业务组织过程</td><td>运费计算结果、铁路货运托运单、运输业务流程图等</td><td></td><td></td><td></td><td>0.7</td><td></td></tr>
<tr><td>其他方面</td><td>创新意识、独到的认识和见解等</td><td>工作总结，有超越教材、超越教师、超越企业专家的提议和观点等</td><td></td><td></td><td></td><td>0.1</td><td></td></tr>
<tr><td>指导教师综合评价</td><td colspan="8">指导教师签名：　　日期：</td></tr>
</table>

（三）教学项目三：航空货物运输组织

1. 项目内容

（1）专业知识。

本项目的专业知识包括航空运输的航空器、航空公司知识，航空交通网信息和国内外主要航线，航空运输业务受理环节，业务中涉及的费用类别，航空货物托运单知识，航空货运合同及双方权利义务，航空运输业务操作流程等。

（2）实训内容。

给定某航空货物运输业务情境，将其分解成以下实训任务，让学生来完成：①判定航空适载的货物及禁限运品；②填制运输过程中涉及的航空单证并进行流转；③完成航空货运基本运费的计算；④进行航空货物运输业务的组织。

2. 项目要求

（1）能准确识别国内外主要航空公司的名称和代码、国内外主要航空线路。

（2）熟悉适合航空运输的货物和禁限运输的相关规定。

（3）能准确、快速地计算航空货物运到期限及所需运费，要求运费计算和运到期限计算不能出错，并不超过20分钟/单。

（4）能对客户的业务咨询进行解答，完成航空业务的受理工作。

（5）熟悉完整的航空货物运输进出港业务流程，要求流程各环节不遗漏、不重复、不错位。

3. 教学资源

（1）教师团队由专业骨干教师及企业专家组成。教师需具备本专业讲师以上职称或物流师、高级物流师国家职业资格。

（2）良好的校企合作资源，企业能够配合课程项目的开展，安排现场教学活动。

（3）现代化的多媒体教室，能够容纳40人，配备投影仪、话筒等。

（4）动态的“运输管理实务”教学软件。

（5）手推车2台，对讲机4部，《国内国际航空路线地图》6本，《航空运单》及计算器每人1份，重物、轻泡货物等若干。

（6）与课外实践活动相结合，让学生利用课外时间去深圳的航空货运机场或航空货代企业进行调研，满足学生的实践需求。

4. 工作任务分解及课时分配（如表 4－15 所示）

表 4－15　工作任务分解及课时分配

<table>
<tr><th>教学项目</th><th colspan="2">任务</th><th>任务分解</th><th>课时</th></tr>
<tr><td rowspan="3">航空货运业务组织</td><td colspan="2">任务下达前的准备</td><td>1. 播放航空货物运输的视频，加深学生的直观认识
2. 组织学生讨论，让学生回答航空货运的特点及适用货物范围，之后教师进行点评及总结
3. 展示各大航空公司国内国际航空路线图，试让学生分析哪种航线较为密集，并说明理由
4. 布置任务：利用网络等资源，查询有关航空货运的基本知识，包括禁限运输规定、典型航空企业的运营情况等</td><td>2</td></tr>
<tr><td colspan="2">工作任务下达</td><td>1. 教师向各组学生分别下达一单航空运输业务任务
2. 学生进行小组内角色分工和工作责任确定
3. 完成航空运输业务的受理工作</td><td>1</td></tr>
<tr><td>工作任务完成</td><td>计算航空运费</td><td>1. 讲解航空重货与轻泡货物的概念，让学生掌握计算实际重量和体积重量的方法，并演示计算过程
2. 组织学生按首重、续重的原则完成各小组项目的航空运费计算任务
3. 解答与点评各小组任务完成情况，讲解运费计算的重点、难点，以及不规则形状货物的计算方法等
4. 布置任务：要求学生以小组形式完成规定的主要城市航空往来货物运价调查，做到准确、翔实</td><td>2</td></tr>
</table>

（续上表）

<table>
<tr><th>教学项目</th><th colspan="2">任务</th><th>任务分解</th><th>课时</th></tr>
<tr><td rowspan="4">航空货运业务组织</td><td rowspan="2">工作任务完成</td><td>填制航空运单</td><td>1. 展示航空运输单证样本，讲解单证信息栏上的内容及填写注意事项
2. 演示一份航空运输单证填制和流转的过程
3. 布置任务：要求学生按任务完成小组项目航空运输单证的填制，并进行正确流转
4. 点评任务完成情况，讲解单证制作的重点、难点</td><td>2</td></tr>
<tr><td>货物装运及交付</td><td>1. 抽选一组学生完成模拟航空运输业务的组织过程，包括过磅、装运、抵达交付、签收、异常处理等
2. 布置任务：要求学生总结并绘制航空出港业务流程图，做到全面、合理
3. 展示各小组流程图结果，教师点评和讲解航空进港货物运输业务流程以及注意要点等</td><td>2</td></tr>
<tr><td colspan="2">工作汇报与总结</td><td>小组汇报航空运输业务完成情况，教师进行考核、点评及总结</td><td>1</td></tr>
<tr><td colspan="2">合　计</td><td></td><td>10</td></tr>
</table>

5. 项目考核（如表4－16所示）

表4－16　职业功能模块过程考核评价表

<table>
<tr><td colspan="10">专业：　　班级：　　姓名：　　学号：　　指导教师：</td></tr>
<tr><td colspan="10">课程名称：运输业务操作及管理　　项目名称：航空货物运输业务组织
项目得分：</td></tr>
<tr><td rowspan="3">评价项目</td><td rowspan="3">评价标准</td><td rowspan="3">评价依据</td><td colspan="3">评价方式</td><td rowspan="3">权重</td><td rowspan="3">得分小计</td><td rowspan="3">总分</td></tr>
<tr><td>小组评价</td><td>学校评价</td><td>企业评价</td></tr>
<tr><td>0.1</td><td colspan="2">0.9</td></tr>
<tr><td>职业素养</td><td>工作态度，安全责任意识，沟通表达能力，团队合作精神</td><td>学生考勤表、课堂表现登记表、每位学生在小组中的任务比重和完成情况、课前资料搜集的数量和质量</td><td></td><td></td><td></td><td>0.2</td><td></td><td rowspan="3"></td></tr>
<tr><td>专业能力</td><td>准确计算运费，准确填制运单，准确设计操作流程</td><td>运费计算结果、航空货运托运单、运输业务流程图等</td><td></td><td></td><td></td><td>0.7</td><td></td></tr>
<tr><td>其他方面</td><td>创新意识、独到的认识和见解等</td><td>工作总结，有超越教材、超越教师、超越企业专家的提议和观点等</td><td></td><td></td><td></td><td>0.1</td><td></td></tr>
<tr><td>指导教师综合评价</td><td colspan="8">

指导教师签名：　　　　日期：</td></tr>
</table>

（四）教学项目四：水路货物运输组织

1. 项目内容

（1）专业知识。

本项目的专业知识包括水路运输船舶知识，国内外主要港口、船公司及航线知识，水路运输业务受理环节，业务中涉及的费用类别，主要船公司船期、运输时间及价格知识，水路货运合同及双方权利义务，海运集装箱业务操作流程等。

（2）实训内容。

给定某水路货物运输业务情境，将其分解成以下实训任务，让学生来完成：①选择最合适的海运船型、航线、停靠港；②进行水路运输业务的受理和客户沟通；③计算水路货物运达所需要的费用和船期时间；④进行海运航线业务询价、比价和报价；⑤填制水路运输的货物托运单和进行单据流转；⑥拟定水路运输合同，并处理合同纠纷和保险理赔；⑦对集装箱货物运输业务过程进行整体设计和组织。

2. 项目要求

（1）能准确判断不同货物将使用的水路运输工具。

（2）熟悉目前国内、国际水路运输主要港口和航线，熟悉全球主要的船公司名称和代码。

（3）能准确、快速地计算水路货物运到期限及所需运费，要求运费计算和运到期限计算不能出错，并不超过20分钟/单。

（4）能针对客户的业务咨询进行解答，完成水路运输的业务受理工作。

（5）熟悉完整的水路货物运输进出港业务流程，要求流程各环节不遗漏、不重复、不错位。

3. 教学资源

（1）教师团队由专业骨干教师及企业专家组成。教师需具备本专业讲师以上职称或物流师、高级物流师国家职业资格。

（2）良好的校企合作资源，企业能够配合课程项目的开展，安排现场教学活动。

（3）现代化的多媒体教室，能够容纳40人，配备投影仪、话筒等。

（4）动态的“运输管理实务”教学软件。

（5）手推车2台，对讲机4部，《世界航运地图册》6本，《托运单》、《设备交接单》、《订舱单》、《海运提单》、《到货通知书》及计算器每人1份，各类包装货物若干。

（6）与课外实践活动相结合，让学生利用课余时间去深圳东西部的两大海运港口或海运货代企业进行调研，满足学生的实践需求。

4. 工作任务分解及课时分配（如表 4－17 所示）

表 4－17　工作任务分解及课时分配

<table>
<tr><th>教学项目</th><th colspan="2">任务</th><th>任务分解</th><th>课时</th></tr>
<tr><td rowspan="5">水路货物运输组织</td><td colspan="2">任务下达前的准备</td><td>1. 播放中远集装箱班轮公司视频，并展示水路运输发展过程中的古今船舶、港口图片，让学生对水路运输有一个直观的认识
2. 组织学生讨论并让其回答水路运输的优缺点、基本条件、适载货物等，随后教师进行点评及总结
3. 布置作业：让学生利用《世界航运地图册》、广东船务杂志、网络等资源查询水路运输相关基本知识，并以 PPT 形式制作一份汇报资料，内容包括国内外主要的船舶公司、港口、航线、船期、运价情况等
4. 小组作业成果展示，教师进行点评、总结</td><td>2</td></tr>
<tr><td colspan="2">工作任务下达</td><td>1. 教师向各组学生分别下达一单水路运输业务任务
2. 学生进行小组内业务角色分工和工作责任确定；角色包括收货人、发货人、船公司、货代公司、陆运公司、港口码头、海关商检、银行保险等
3. 完成水路运输业务的受理确认工作</td><td>1</td></tr>
<tr><td rowspan="3">工作任务完成</td><td>起运港装运前工作</td><td>1. 讲解装运前的订舱、租箱、提空柜、装箱、报关、查验、交重柜、投保、装船工作流程
2. 布置任务：小组按以上工作流程和之前分好的角色，进行以上业务流程的模拟
3. 教师进行点评、总结</td><td>2</td></tr>
<tr><td>制作海运单据</td><td>1. 展示水路运输的主要单证《托运单》、《设备交接单》、《订舱单》、《海运提单》、《到货通知书》等单据样本
2. 讲解各单证的作用、包含的信息内容及流转程序
3. 布置任务：要求学生填制好小组项目的所需单证，并重演单证流转的流程
4. 教师根据各组任务完成情况进行点评和总结</td><td>2</td></tr>
<tr><td>到港后的交付与签收</td><td>1. 讲解船舶抵港后的到货通知、码头卸船、进口申报、重柜提取、海关查验、转运组织、货物交付、破损理赔等工作流程
2. 布置任务：小组按以上工作流程和之前分好的角色，进行以上业务流程的模拟
3. 教师进行点评、总结</td><td>2</td></tr>
</table>

（续上表）

教学项目	任务	任务分解	课时
水路货物运输组织	工作汇报与总结	1. 布置任务：要求学生总结并绘制海运集装箱进口、出口业务流程图，并标注各环节所需要的单据 2. 作业成果汇报：各组学生进行成果展示，接受其他学生及教师的提问，教师进行点评、总结	2
	工作考核	教师根据各组对整个业务过程的完成情况进行考核，点评优点及不足，总结改进的方法	1
	合　计		12

5. 项目考核（如表 4－18 所示）

表 4－18　职业功能模块过程考核评价

专业：　　班级：　　姓名：　　学号：　　指导教师：								
课程名称：运输业务操作及管理　　项目名称：水路货物运输业务组织 项目得分：								
评价项目	评价标准	评价依据	评价方式			权重	得分小计	总分
			小组评价	学校评价	企业评价			
			0.1	0.9				
职业素养	工作态度，安全责任意识，沟通表达能力，团队合作精神	学生考勤表、课堂表现登记表、每位学生在小组中的任务比重和完成情况、课前资料搜集的数量和质量				0.2		

（续上表）

专业能力	准确选择合适的船舶、船公司、船期、航线，准确填制各相关单证，准确完成操作流程	国际海运资料报告、装运工作流程操作、海运单证流转图、集装箱进出口业务流程图				0.7		
其他方面	创新意识、独到的认识和见解等	工作总结，有超越教材、超越教师、超越企业专家的提议和观点等				0.1		
指导教师综合评价	指导教师签名：　　　　　　　　日期：							

（五）教学项目五：综合运输业务组织

1. 项目内容

（1）专业知识。

本项目的专业知识包括货物运输市场知识，主要运输方式的优缺点及适用范围知识，运输服务商的选择、开发和管理知识，多式联运及组织知识，业务中涉及的费用类别，多式联运合同及各方权利义务，多式联运业务操作流程等。

（2）实训内容。

给定某综合货物运输业务情境，将其分解成以下实训任务，让学生来完成：①选择最佳的运输方式或运输方式组合；②进行水路运输业务的受理和客户沟通；③计算水路货物运达所需要的费用和船期时间；④进行海运航线业务询价、比价和报价；⑤给出运输业务方案，进行合理化的分析和判断；⑥对多式联运业务过程进行整体设计和组织。

2. 项目要求

（1）准确识别运输业务中的费用类别，不混淆费用类别。

（2）能准确、快速地制作多式联运单，要求不低于30分钟/单。

（3）能进行承运商的开发与管理，并制定全面合理的承运商服务质量指标体系。

（4）能完整流畅地完成国际多式联运业务流程，要求流程各环节不遗漏、不重复、不错位。

（5）能准确、快速地找出不合理运输方案的问题所在。

3. 教学资源

（1）教师队伍由专业骨干教师及企业专家组成。教师需具备本专业讲师以上职称或物流师、高级物流师国家职业资格。

（2）良好的校企合作资源，企业能够配合课程项目的开展，安排现场教学活动。

（3）现代化的多媒体教室，能够容纳40人，配备投影仪、话筒等。

（4）动态的《运输管理实务》教学软件。

（5）手推车2台，对讲机4部，《世界航运地图册》6本，《国际多式联运单》及计算器每人1份，散货、箱装货物、袋装货物等若干。

（6）与课外实践活动相结合，让学生利用课余时间去深圳几家大型的货运市场和综合运输企业进行调研，以满足学生的实践需求。

4. 工作任务分解及课时分配（如表 4－19 所示）

表 4－19　工作任务分解及课时分配

<table>
<tr><th>教学项目</th><th colspan="2">任务</th><th>任务分解</th><th>课时</th></tr>
<tr><td rowspan="4">综合运输业务组织</td><td colspan="2">任务下达前的准备</td><td>1. 引导学生回顾各种运输方式的优缺点及其业务范围，向学生提问并进行总结
2. 引出多种“门到门”运输的情境，提出以上业务是单一运输方式所不能完成的，进而引出综合运输
3. 讲解一般联合运输、国际多式联运、大陆桥运输、OCP 运输的概念和具体做法
4. 组织学生讨论以上概念的联系与区别</td><td>2</td></tr>
<tr><td colspan="2">工作任务下达</td><td>1. 教师向各组学生分别下达一单综合运输业务任务
2. 学生进行小组内业务角色分工和工作责任确定
3. 完成综合运输业务的受理确认工作</td><td>1</td></tr>
<tr><td rowspan="2">工作任务分析及完成</td><td>调查货物运输市场</td><td>1. 课前布置任务：各小组分别完成深圳几大货运市场的调查，包括运输市场的特点、分类、供需情况，以及业务类型、范围、价格水平等，并将其做成 PPT 文件
2. 小组调查成果展示包括 PPT 内容、格式、时间把握、讲解情况以及相关问题的回答等
3. 教师点评：引导学生作进一步的分析，包括运输市场中的经营环境状况、竞争策略等</td><td>2</td></tr>
<tr><td>开发运输服务商及管理优化</td><td>1. 讲解物流业务外包的概念，运输服务商的概念、类型和选择方法，运输服务质量评价的指标体系等
2. 任务完成：要求学生运用定量计算决策的方法，选择最佳的运输服务商
3. 教师检查任务完成过程，回答学生疑问，作出总结
4. 布置作业：要求学生根据运输服务质量的要求，制定出一套承运商服务质量考核管理的指标体系</td><td>2</td></tr>
</table>

（续上表）

教学项目	任务		任务分解	课时
综合运输业务组织	工作任务分析及完成	组织国际集装箱多式联运	1. 讲解国际多式联运的特点、条件和主要形式 2. 组织学生完成小组项目的国际多式联运业务程序的设计，教师巡查任务完成情况并作出指导 3. 布置任务：提供某个多式联运方案，让学生去研究其中是否存在不合理的地方，并对其进行优化	2
		分析运输业务成本	1. 讲解影响运输成本的基本因素，组织学生拓展自己的思维并补充自己的看法 2. 布置实训，要求学生各小组针对项目方案的运输成本进行分析、演示 3. 教师指导学生完成，并作出点评和总结，讲解有效的成本控制措施方法	2
		诊断运输方案	1. 引入不合理运输的现象，引导学生分析不合理运输的概念及原因 2. 演示不合理运输的案例，组织学生讨论，要求学生诊断不合理运输方案存在的问题	2
		优化运输方案	1. 学生讨论回答影响合理化运输的因素 2. 讲解合理化运输的措施，如驮背运输、甩挂运输等 3. 布置任务：要求学生能根据系统最优原理对运输方案进行合理化设计	2
	工作汇报总结		小组汇报综合运输业务完成情况，教师进行考核、点评及总结	1
	合　计			16

5. 项目考核（如表4-20所示）

表4-20　职业功能模块过程考核评价

<table>
<tr><td colspan="9">专业：　　班级：　　姓名：　　学号：　　指导教师：</td></tr>
<tr><td colspan="9">课程名称：运输业务操作及管理　　项目名称：综合货物运输业务组织
项目得分：</td></tr>
<tr><td rowspan="3">评价项目</td><td rowspan="3">评价标准</td><td rowspan="3">评价依据</td><td colspan="3">评价方式</td><td rowspan="3">权重</td><td rowspan="3">得分小计</td><td rowspan="3">总分</td></tr>
<tr><td>小组评价</td><td>学校评价</td><td>企业评价</td></tr>
<tr><td>0.1</td><td colspan="2">0.9</td></tr>
<tr><td>职业素养</td><td>工作态度，安全责任意识，沟通表达能力，团队合作精神</td><td>学生考勤表、课堂表现登记表、学生在小组中的任务比重和完成情况、课前资料搜集的数量和质量</td><td></td><td></td><td></td><td>0.2</td><td></td><td rowspan="3"></td></tr>
<tr><td>专业能力</td><td>准确制定货运质量指标，调查报告准确翔实，准确填制运单，准确设计操作流程，判定运输方案</td><td>深圳货运市场调查报告，国际多式联运业务流程图，承运商服务质量考核管理报告，合理化运输措施等</td><td></td><td></td><td></td><td>0.7</td><td></td></tr>
<tr><td>其他方面</td><td>创新意识、独到的认识和见解等</td><td>工作总结，有超越教材、超越教师、超越企业专家的提议和观点等</td><td></td><td></td><td></td><td>0.1</td><td></td></tr>
<tr><td>指导教师综合评价</td><td colspan="8">指导教师签名：　　　　　　日期：</td></tr>
</table>

第三节　项目课程教材编写

项目课程教材是项目课程开发的一个重要成果，也是教师实施项目教学的主要依据和重要保障。项目课程教材的编写应坚持以工作过程为导向，以能力为本位，以项目为载体，以学生为中心，既适用于学生专业能力的培养，又适应学生职业素质的形成，融显性知识与隐性经验为一体，理论与实践相结合，体现创新能力培养。

一、项目课程教材定位

（一）项目课程教材是教师教学的材料

项目课程教材是教师教学的主要依据，要想项目课程得到顺利推广，就要高度重视教材的开发。它与教学大纲、授课计划、教学日志、教案等一起构成教师上课的必备资料。其中，教材是一个课程的核心教学材料。教学过程中所用的图片、案例材料、专业知识、训练项目等都是教师在教学中必须要用的，因此，教材的编写不能有任何的错误和疏漏，要体现教材的权威性。

（二）项目课程教材是学生学习的学材

从主体来看，项目教学的对象是学生；从教学时空来看，它跨越了课前、课中、课后、校内及校外，因此，项目课程教材是学生学习的学材，将趣味性、知识性与职业性融于一体。每个项目给定了明确的学习目标，具体地将每一项目的完整工作过程呈现给学生，并且对每一工作任务的能力目标、活动过程、工作方法、技术要求、教学器材的配备要求都给出了具体的指导。学生可以按照教材的指导完成全部项目活动，并将该活动所涉及的理论与实践有机地结合起来。项目课程教材为学生自主学习提供了便利。

（三）项目课程教材是技能训练的指导书

项目课程教材的内容由企业工作过程项目及任务组成，每个任务都是一个技能训练要点。教材在任务实施环节上详细说明了小组分工、实施步骤、实训环境、设备要求、操作要求、任务结果等，具有传统的实训指导书的功能与作用。

另外，项目课程教材也是国家对物流预备技师职业技能鉴定的指导书。总之，项目课程教材是实现物流预备技师培养目标的重要工具。

二、项目课程教材编写的意义

（一）项目课程教材编写是项目课程改革的客观要求

改革项目课程不但要在教学方式上有新的突破，而且也要在教材的使用上打破传统教材的模式，解构传统的学科体系课程，使之更大程度地满足职业教育对实践的需求，凸显物流预备技师培养的专业特色和个性，为学生搭建就业和职业发展的快捷平台。

（二）项目课程教材编写过程有利于深化校企合作

开发实用性强、仿真程度高，能充分满足职业技能培养要求的项目课程教材，就需要运用大量的来自企业一线岗位的原始素材作为典型案例，这些案例包括完成实际工作任务的操作方法或操作技巧等。为此，项目课程教材编写初步方案确定之后，还需要召开物流预备技师培养专家委员会会议进行研讨，由企业专家、职业技能鉴定专家和专业课教师等针对教材内容进行反复讨论和修改。在教材开发的过程中，企业一方的开发人员与校方开发人员会定期或不定期地进行交流，以交换意见、取长补短，极大地促进了校企合作关系的发展。

（三）项目课程教材编写过程有利于师资队伍的建设

项目课程教材的开发虽然依赖于与企业一线技术人员或行业专家的合作，但教材开发的策划者和教材的使用者仍然是承担物流预备技师课程教学的校内专业教师，专业教师的“双师”素质及其实际操作水平对教材开发的策划、教材内容的组织、教材编写方法的设计等都有着决定性的影响。因此，教材编写过程也是学校专业教师全面锻炼和提升的过程。专业教师对课程所对应岗位的工作内容、工作流程、应用技能、典型企业案例的解决方法等都必须有相当程度的了解与掌握，否则将难以进行项目课程教材开发的策划和设计，这也从另一方面促使专业教师提升自我。

（四）项目课程教材编写有利于教学素材资源库的建设

项目课程教材开发还应与学院的教学素材资源库建设工作相联系，甚至与学院的精品课程建设相联系。为此，在制订项目课程教材开发计划或方案时，可以将教学素材资源库的建设作为一项主要内容并预先进行建设。首先，确定多种原始素材的收集途径，发挥广大师生尤其是历届毕业生的优势来共同进行收集；其次，要充分利用合作企业的典型素材，充实教材和教学资源库；最后，建立教学素材资源制作、利用、管理和对外开放等网络平台，并以此为窗口向全社会开放，以充分发挥教学素材资源库的利用效能。

三、项目课程教材编写的步骤与方法

（一）广泛开展调查研究，确定课程项目及具体任务

为了使项目课程教材体现社会发展对物流预备技师人才能力的要求，反映物流行业中的热点问题和技术应用的现状，增强项目课程教材内容的针对性和实用性，我们进行了广泛的调查研究。首先，通过与物流预备技师专家委员会开展专家座谈，我们开展了对物流预备技师相关职业岗位（群）能力素质要求的研究；其次，我们检索了大量的相关科技文献，以了解国内外物流领域的最新科技业务发展现状和行业规范；最后，我们根据物流预备技师相关职业岗位对知识、能力和素质的要求进行课程定位，搜集、整理和设计课程项目，加大了技能训练任务的设置。

（二）以职业能力为逻辑线索安排教材内容

考虑到学校现有的教学条件以及企业、行业的需要，同时考虑到学校要帮助学生在实训之余拿到相应专业的技能操作证书，为学生就业做准备，我们的项目课程教材应与职业技能证书的相关知识相配套，与国家人力资源和社会保障部门颁发的物流预备技师技能鉴定标准相衔接。

因此，在教材的编排上，我们应打破以往教材的编写模式，以方便教师的“教”和学生的“学”为宗旨，按照实际生产中的工作流程或工作过程的顺序，以职业能力为逻辑线索进行教材内容的编排。教材要将理论与

实训进行整合，首先呈现出的是项目，要指导学生尝试完成项目，从实践入手，在此基础上指导学生建构知识，将理论与实践统一到项目中。如“运输业务操作及管理”项目课程教材的内容采用了“任务—实施步骤—相关知识—拓展”的结构体系，其中，“任务”对应的是职业能力，“相关知识”对应的是学生知识结构的建构。

（三）项目教材编写体例的选择

项目教材的编写体例有很多，如任务式的编写体例、课题式的编写体例、项目式的编写体例等。物流预备技师培养的项目课程教材编写体例则主要是项目式的（项目是企业典型工作项目，往下分解成任务），具体范例如下：

项目式

项目一

　　任务 1

　　任务 2

项目二

　　任务 1

　　任务 2

……

每一个项目下还应包括以下几个主要环节，项目目标/要求（可选）→项目介绍/描述→项目任务解析→相关知识→任务实施→任务小结→拓展提高（技能迁移）→课后练习或实训→项目考核评价等。

1. 项目目标/要求

此模块是学生在本项目中所要达到的知识、能力、素养目标，以及对于完成此项目任务的其他学习要求。此部分可选，如教材中没有，则应在教师的教学过程中以课件或口述方式体现。

2. 项目介绍/描述

此模块描述了企业的实际工作项目，主要介绍该项目的基本业务背景等信息，安排多样化的学习情境或问题情境，并设计“引导性问题”来引导学生对工作实践问题进行思考。

3. 项目任务解析

此模块主要是项目实施过程中的具体工作分析，包括应完成哪些具体的工作任务及其完成顺序，并且需对每一具体工作任务的能力目标、活动过程、工作方法、技术要求、教学器材配备、注意事项等都给出具体的指导，学生可以按照教材的指导完成全部项目活动。

这一环节要注重教材内容的引导作用，引领学生对工作任务进行分析，并有针对性地提出解决问题的方法和技巧，必要时可以利用分解图向学生作进一步的说明，使其能根据任务的分析理清完成项目任务的思路。

4. 相关知识

此模块主要是完成任务所需要的一些背景知识、专业理论，以及一些任务可能涉及的知识和技能等，为实施任务作理论铺垫，在教材中可以以知识链接、小贴士、经验之谈等各种形式出现。

5. 任务实施

此模块主要介绍该岗位任务完成的具体步骤，充分体现从实践入手的重要性。在这里，要叙述完成任务的详细操作步骤（任务中若涉及前面的项目任务中已讲过的或类似的操作步骤可简化叙述），每一操作都要有该操作所对应的具体操作要求、所需资料、操作效果描述等。这一部分是教材编写的主体。

6. 任务小结

此模块主要介绍在任务实施过程中所依据的重要思想、方法或技巧、注意要点等，这些知识一般不便于在操作步骤中进行描述，但可以在实现步骤环节中增加“操作技巧”。

7. 拓展提高（技能迁移）

此模块可有可无，主要介绍相关的理论、新知识或者难度较大的任务内容，是为了弥补项目实施步骤中没有介绍的或者不方便介绍的内容。

8. 课后练习或实训

由于篇幅有限，教材只会给出一个引导，起到领学生进门的作用，想要学到更多的内容则靠学生自已完成。此部分以课程目标为依据，补充设计了融理论与实践于一体的技能拓展项目，以巩固和拓展课堂教学内容，包括同一类型任务的训练题，部分教材还会有参考答案。

9. 项目考核评价

此模块是项目完成情况的考核评价表，包括评价主体、评价内容、评分依据、评分分值、评价意见或项目完成鉴定等。

四、项目课程教材内容组织要点

（一）项目选择

在教材编写过程中，项目的选择和排序是我们所面临的一大难题。企业中是定人定岗的，如果想教材全面覆盖各个岗位的项目，就会发现项目多而杂。因此，我们重点选择关键项目，安排多样化的学习情境或问题情境，以教学目标为依据，补充和设计融理论与实践于一体的教学拓展项目，以巩固和拓展课堂教学内容。

（二）教材资料来源

在项目课程教材的开发过程中，必须明确课程目标，在此基础上确定课程的基本内容，坚持以学生为主体、以工作任务为主线、以实际项目为载体是项目课程教材开发的基本思路。

教材的载体是项目，项目应真实、实用，应来自于企业的实际业务。项目产生的背景，设置项目的预期目标，项目中包含的任务环节、工作岗位、实施过程及能力考核办法等都应与企业的真实工作情境紧密对接。因此，应尽可能深入企业以获取一手资料。

（三）基础理论知识的安排要注意“必需”、“够用”

在项目课程的专业教材编写和内容选择上，基础理论知识的安排要把握好“必需”与“够用”这两个度。以“怎样做”和“怎样做得更好”的经验性知识为主，以“是什么”和“为什么”的理论性知识为辅。同时，应积极构建职业能力训练模块，加强物流预备技师的基本实践能力与操作技能、专业技术应用能力与专业技能、综合实践能力与综合素养的培养。

（四）理论与实践的融合

和传统的教材开发不同，项目课程教材的主线不再是知识体系，而是工作任务，在完成任务的过程中实现对知识的掌握。而如何整合知识与任务的关系，则是每个项目课程教材编写者都会遇到的难题。我们在《货代业务操作》教材的编写过程中，进行了以下尝试：

首先，按任务需求安排知识体系，在此基础上按知识的难易程度对教材内容进行排序。

其次，去粗存精，只保留与本项目关系最密切的知识，以知识链接、小贴士或经验之谈等形式出现。

总之，坚持以学生为主体、以工作任务为主线、以实际项目为载体是项目课程教材开发的基本思路。具体项目课程教材的编写因所涉行业、专业等实际情况的不同而不同。

五、项目课程教材编写案例——《货代业务操作》项目课程教材编写

深圳技师学院物流预备技师的培养坚持“以职业活动为导向，以职业技能为核心”的课程建设指导方针，紧紧依托深圳扶持和鼓励发展的现代物流产业政策，结合深圳物流行业的实际，开发具有物流预备技师培养特色的教材，有些教材还获得了主管部门的嘉奖。目前，深圳技师学院已经编写完成6本教材，包括《运输业务操作及管理》、《采购操作及管理》、《客户服务技巧训练教程》、《快递业务操作与管理》、《仓储与配送作业》和《货代业务操作》。其中《快递业务操作与管理》为国家级高职高专快递核心教材，并在全国被推广使用。下面，我们将具体以《货代业务操作》项目课程教材的编写为例，来说明项目课程教材的编写过程。

案例2　《货代业务操作》项目课程教材编写

“货代业务操作”课程是针对货代行业的业务员、操作员及单证员等主要岗位而开设的，其岗位职责、岗位能力要求十分明确，而现有的货代教材则往往不能体现这一特点。为了适应行业人才需求，缩短物流预备技师上岗培训时间，基于项目教材开发的指导思想，经过大量的社会调研、行业信息的收集整理，我们尝试开发出一本寓教于学的教材。

（一）体裁设计

项目课程重在对学生能力的培养，因此教材的功能也应从传统的知识讲解变为指引学生学习。教材应成为学生学习的指导，学生发展能力的工具和学生开阔视野的窗口，应成为学生联系生活与社会、理论与实践、学校学习与职业工作的桥梁。同时由于项目课程的特点，每个项目从计划到实施都需要在教师的指引下充分发挥学生学习的自主性，因而在教材中要

为学生留有较多的探索空间与自主建构知识和技能的余地。

本书在体裁设计上，充分考虑学生的主体作用，它不仅是教材，而且是学材，融趣味性与职业性于一体。结合技工教育的培养目标，教材以货代新人为主人公，以叙事的形式，介绍了该新人从进入货代行业，到成为一个合格的货代人的过程。该新人从事过货代的单证员、操作员及业务员等岗位，并最终掌握了货代业务的开发、运作所必备的基本知识和技能。

本书将专业语言生动化，将知识点融入工作情境中，使学生在趣味阅读的过程中不知不觉地掌握货代从业人员所需的知识，在模拟和实践中掌握一名合格从业人员的基本技能，从而让学习变得轻松有趣。

（二）选材真实

项目课程教材应以项目课程开发阶段设置的项目为载体，按照工作过程中所需的知识与技能及其排列顺序，提供真实的职业场景，让教材指引学生完成项目活动。学生通过教材，能了解到完成项目所需的基本过程与程序，学习到项目所包含的知识、技能与态度，找到完成项目所需的方法和条件，了解获取更多知识与技能的路径。

（三）项目设计

项目设计除了要考虑项目的真实性、工作过程的完整性外，还要考虑学材的特点。本项目在设计中包含了对学生自主学习有引导功能，每一个项目学习目标的设定、项目活动过程的安排、工作任务的能力要求和完成任务质量的测评指标，都在引导学生一步一步地通过自主的学习活动去完成任务，从而实现对学生能力的培养。

（四）全书的编写前言、目录结构和样章

1. 前言

国际货运代理随国际贸易而生，随国际贸易的发展而发展，目前正日趋成熟、专业。

按运输方式分类，货代可以分为海运货代、空运货代、公路货代、铁路货代及衍生的快递货代等。目前，无论是从操作的货量，还是从业务的复杂性、代表性来说，海运货代无疑处于举足轻重的地位。而海运集装箱代理业务的规范性、操作流程的标准性及其在海运业务中日趋重要的地位，促使本书作者选择从海运集装箱业务代理的角度来阐述国际货运代理的业务运作。

本书从货代企业的岗位实际出发，结合主人公 Ferry 从进入货代行业——深圳维维国际货运代理有限公司（纯属虚构）进行岗位实习（项目

一），从货代岗位的基础工作开始做起的经历，以业务流程为主线，在企业实际业务（本书尽可能采用企业实际运作项目作为背景资料）的拓展和实施操作过程中和主人公一同掌握作为专业人员应具备的知识和技能。

全书共设八个项目，按新员工入职后的业务操作流程进行设置，项目一为新员工入职期的准备阶段，项目二至项目八为货代企业的典型工作项目（也是货代企业的典型业务），它们既各自独立又可任意组合为或大或小的综合型业务，如项目三是货代的订舱业务，项目二至项目七联合起来就可以是任何运输方式下的DR－DR的业务或多式联运业务。全书虽然以海运的班轮集装箱业务为主，但同时考虑了典型的空运和陆运业务。从业务流程角度来讲，海运代理的其他业务与空运代理、公路代理及铁路代理，甚至快递代理都非常相似，所以，相信学完本书后，大家将会对上述代理业务有充分的认识，有志于货代行业的人士也能快速掌握入职技能。

2. 目录结构

3. 样章

项目三　订舱排载

【开篇案例】

为什么不能装船

小张7月份毕业后就进入了一家货代公司，到现在已经快三个月了，她已经基本适应这里的工作，而且也越来越得心应手了。但偶尔也会有些意想不到的麻烦，好比这次。小张上周一就已向船公司确定好了本周五的一个舱位，到了周五，当一切准备好时（16：00截止进场，小张的货15：30就进场了），小张却被通知货物不能装船，她一下子慌了。小张的慌张引起了刘经理的注意，经询问后，刘经理交代小张与船公司进行紧急协调。得知是船公司因爆舱而“甩柜”后，小张在第一时间向客户解释，以争取客户的谅解。最终小张承担了因延期装船而产生的堆存费、装卸费，并为客户调换了最近的一次航班，同时也争取到了船公司的相应赔偿。

点评：

在实际运作过程中，特别是在进出口业务上，常出现因备货、通关等各种原因导致货物不能得到及时装运的情况。船公司及其他的承运人为了保证运力的满负荷使用，接受的订舱量往往超过其实际的空舱量。这样，在出运高峰期，后进场的货物就有可能无法装船，俗称“甩柜”。上文中的小张就是遭遇了甩柜的情况。为了避免这种情况的发生，在旺季应尽早出货，并与船公司进行充分的沟通。

【项目目标】

● 知识目标

熟悉国际货运各业务环节的时间需求。

熟悉订舱流程及订舱要求。

了解拼箱货订舱。

了解特种货物订舱。

了解禁运条件。

● 能力目标

能按客户业务需求制订严格的时间进程表。

能落实订舱资料及信息。

能办理订舱排载手续，并进行订舱确认。

能够进行变更或取消订舱操作。

【项目描述】

环球国际电器公司和Ferry的公司签订了合作协议，决定尝试进行合作。刚好，他们要出口一批家电给美国Oakland（奥克兰）的Little Mouse Co.,Ltd.，共20立方米，约10吨。他们委托Ferry为其办理全程托运，并要求于2010年1月30日前把货送到，请你帮助Ferry完成订舱排载的作业。环球国际电器公司发来的询价单如表4－21所示。

表4－21　询价单

FROM：环球国际电器公司			TO：深圳维维国际货运代理有限公司			
收件人	Little Mouse Co.,Ltd.		电话	55555555	传真	55555555
发件人	环球国际电器公司		电话	0755－88888888	传真	0755－88888888
编号	12345678		运输方式	海运		
装运地	东莞		卸货地	Oakland		
装运港	深圳盐田		卸货港	Oakland		
报检、报关方式	委托		预计装运时间	2010.1.10		
预计到达时间	2010.1.30前		交货方式	门到门		
是否保险	是		保险方式	代理		
品名	H.S.编码	销售单位	毛重	体积	单价	数量
洗衣机		台	25kg	0.5cbm	100USD	40
备注：请尽快报价						

【项目分析】

为了锻炼Ferry的能力，林经理交代Ferry全程跟踪这笔业务。由于是初次合作，林经理交代Ferry在订舱排载过程中，首先要接受客户的咨询，在咨询过程中获得足够的订舱信息，并为其提供可选择接受的路线、初步报价，接下来要和船代或船公司核实船期及运价，与客户进行充分交流后确定船期及运价（可在合同中事先规定），最后就是填写订舱单、代办保险等。

【小贴士】

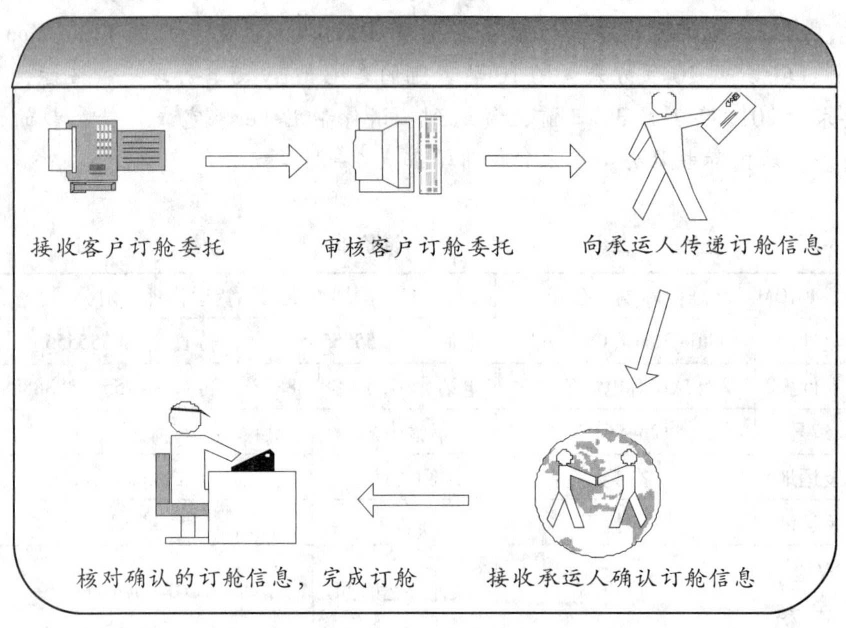

图 4－1　订舱作业流程图

如图 4－1 所示，业务员和客户首先应达成订舱协议（订舱委托），审核完成后将订舱委托交付订舱操作员，再由订舱操作员在系统中进行以下作业。

1. 输入业务数据

这包括业务各属性、收发货信息、服务要求、提单要求、船名航次（如可能）、开航日期、起运港、中转港、目的港、箱型箱量、货名与数量以及代理（如需要）等。

2. 订舱过程

缮制与发送订舱单、订舱号或提单号确认、预配和报关舱单发送确认、中转港代码确认和场站收据制作等。订舱完毕后，应及时将配舱信息输入操作系统，输入时应确保准确，并特别注意以下信息：船公司名称、订舱号或者提单号、船名、航次、开船日期、箱型、箱量、运费以及运输条款等。

3. 舱位通知

订舱确认单或者配船通知单等都必须在第一时间发给客户，确保上面的订舱号与船名、航次清晰、准确，以免造成混淆。

【项目任务】

◇任务一　受理业务

◇任务二　办理订舱手续

任务一　受理业务

任务引领： 在本任务中，请根据货代企业的常见业务模式，与客户达成委托协议，签订订舱委托书。

1 月 2 日上午 9：00，环球国际电器公司的业务员 John 给 Ferry 打电话，询问能否代替他办理运去美国 Oakland（奥克兰）的一批货物的订舱手续。这是一批电子产品，大概 20 立方米，10 吨左右，需要将其从东莞运到 Oakland（奥克兰），并代办订舱手续。

办理订舱业务前，首先要接受客户（环球国际电器公司）咨询，为其提供物流方式、线路选择及成本估算，然后向船代或船公司落实船期及运费（可用协议价），同客户确认，填订舱委托书。

【案例分享】

订舱单放错舱（将普柜当成重柜）

客户在订舱单上且业务员在委托书上都有注明是订“加重柜”，但未注明具体货重，操作员在订舱前致电客户，客户确认为 22 吨。操作员拿到订舱委托书（S/O）时看到上面有子弹封条，就想当然以为是加重柜的表示，并没有向其他人确认就将 S/O 给了客户。

客户最后装货 28 吨，因台湾需提前补料，船公司通过提单上显示的毛重发现货物超重而通知码头拒绝吊柜上船。

码头要求换柜，但是因为此批货物是在顺德报关深圳转关的，由于深圳海关不同意在深圳的码头换柜，最后客户只好选择以退柜重新订舱的方式出口，比在深圳码头换柜多产生了拖车费，且在与船公司协商过程中耽误了不少时间，订舱代理在其中也只是推卸责任，没有协助工作。

因客户的工厂没有看清楚是否为加重柜就直接装货，导致客户承担了额外费用的一半（包括来回的拖车费、退柜费、货柜在码头的仓租及柜租等的一半），亏损总额为人民币 5 424 元。

【想一想】

1. 订舱业务应该由货代的哪个岗位受理？其主要岗位职责有哪些？
2. 订舱前应了解哪些信息？这些信息有什么用途？
3. 要运送一批电子产品，体积为 50 立方米，重量为 10 吨，请问应如何配载？

【实施】

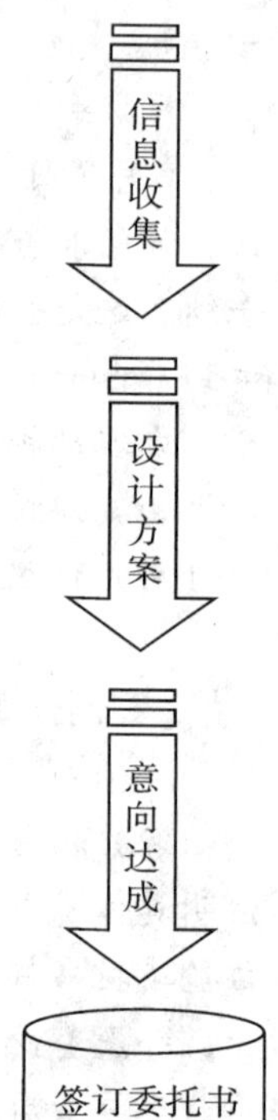

1 月 2 日上午 9：00，环球的业务员 John 给 Ferry 打电话，询问能否替他办理运去美国 Oakland（奥克兰）的一批货物的订舱手续。下面是两人的对话，请帮 Ferry 完成业务信息的采集工作。

John：这是一批电子产品，大概 20 立方米，10 吨左右，需要从东莞运到 Oakland（奥克兰），请你帮我订一个 20’柜，1 月 30 日前送到。请问________________________________

John：只麻烦你帮我订舱就可以了，其他工作我另有安排。记住，1 月 30 日前一定要送到。

Ferry：好的，我们先落实一下舱位，10 分钟内给您电话。

John：好的。

……

（Ferry 迅速查阅船期表，并同合作的船公司进行了相关信息的确认，大约 8 分钟后）

Ferry：您好，我是深圳维维国际货运代理的 Ferry，请问

John 在吗?

John：Hi，Ferry，我是 John，怎么样?

Ferry：根据您的要求，有几个航班符合：________________

John：听起来都不错，费用怎么样?

Ferry：（进行报价）____

John：好像费用相差不大，你帮我选一个信誉好的吧。

Ferry：好的，实际上这几家船公司都还不错，不过 COCO 公司运价合理，还不需中转，您看好吗?

John：好，就听你的，我一会儿就把委托书传过来，你马上去办吧。

……

【经验之谈】

受理业务，是揽货的延续，也是业务操作的开始，它大致包括三个阶段的工作：业务咨询、业务方案设计及意向达成。业务员首先要进行业务信息采集，主要是客户信息、货物信息、服务要求等；根据采集到的信息，业务员要进行初步的运输方式、路线、成本、运期（船期、航班等信息）等分析工作。另外，因为运费及舱位受季节、货量影响变化较大，业务员还要向分供商（实际承运人，如船公司、航空公司等）确认舱位及运费。前面深圳维维国际货运代理公司与环球电器公司已签署合作协议，但此协议只是一个总体的意向性的协议，因运价变动、服务需求的不确定性等，每次业务的费用将不尽相同，因此需再次确定费用标准。上述工作完成后，业务员要将初步方案告知客户，并进一步商谈费用、责任等，得到对方的认可后，要及时提醒客户办理委托手续，以免错过最佳订舱时间或客户另寻他人。

其中运输方案设计主要考虑航线、运输工具、运输要求、港口（场、站）条件、运输时间等方面能否满足运输及单证的要求。报价主要考虑具体货物名称、数量、种类、航程、时间要求、货物备妥时间、客户偏好、船公司或其他承运人等信息，最终选择合理的运输方式和快速、安全、经济的运输线路。

针对不同的客户类型，这一环节的操作略有不同：对协议客户，只需落实其需求服务类型、采集托运信息，运价基本已确定（也可能因新业务、季节等原因略有变动）；对于带单询价客户，由于未选定货代，服务需求也不明晰，这时就需弄清客户需求，为其进行资源优化，合理报价，类同于揽货环节。上文中的John即是这类客户，一般情况下，他们会同时咨询几家货代。

经与客户电话沟通后，基本达成合作意向，Ferry请环球公司的业务员John先填写一份委托书，即订舱委托书。收到John的委托书后，Ferry就可以向船公司（或其他承运人）进行订舱了。

注意：与客户初步达成合作意向后，应尽快让客户通过传真、邮件等形式，就业务委托、双方责任、结算等内容填写订舱委托书，从而达成订舱协议。双方应对信息进行仔细核对，以免造成不必要的损失。

John与Ferry最后确定走COCO船公司的船，订1个20’普柜，1月9日装运。为了方便John了解货单信息，Ferry利用John提供的信息填写了一份订舱委托书，用邮件将其发给John后，John直接进行修改，确认后又发回给Ferry。John对Ferry的细心表示感谢，两个人愉快地完成了订舱委托。下面，请你帮他们两个人完成这份订舱委托书（Booking note，见表4-22）。

【小贴士】

收到订舱委托书（S/O）后，应审查：有效印鉴、船东、船期、有无运价、付费期限与方式［预付（CIF-prepaid）、到付（FOB-collect）］、Shipper（是否有需要更换Shipper、如何操作）、Consignee、Notify Party、装货港POL（Part of Loading）、卸货港POD（Place of Discharge）、目的港（Destination）、箱型、箱量、货物描述（MARK、件数、毛重、品名、尺码）、特殊条款、船证、场拖装计划、备注（之前与客人沟通时，注意尺码、载重）等，如果信息不全，马上要求补充。

表 4－22 ××××公司出口货物订舱委托书

			日期：	
（1）发货人	（4）信用证号码			
	（5）开证银行			
	（6）合同号码		（7）成交金额	
	（8）装运口岸		（9）目的港	
（2）收货人	（10）转船运输		（11）分批装运	
	（12）信用证有效期		（13）装运期限	
	（14）运费		（15）成交条件	
	（16）公司联系人		（17）电话/传真	
（3）通知人	（18）公司开户行		（19）银行账号	
	（20）特别要求			

（21）标记唛码	（22）货号规格	（23）包装件数	（24）毛重	（25）净重	（26）数量	（27）单价	（28）总价

	（29）总件数	（30）总毛重	（31）总净重	（32）总尺码	（33）总金额
（34）备注					

【思考与练习】

1. 解决问题

（1）业务受理阶段包括哪些工作内容？需注意哪些事项？

（2）对临时客户与长期伙伴在信息采集时有何不同？业务信息的采集应包括哪些信息，为什么？

（3）为何在与船公司签订协议时仍需同其确定船期甚至运价信息？

（4）订舱委托书有什么作用？它一般包括哪些信息？

2. 拓展训练

（1）请你为老客户设计一套信息采集方案。

（2）请你按项目描述的信息，帮 Ferry 设计一份报价单。

（3）环球电器公司有一批手机（0.3 立方米）急需送至东京，请 Ferry 代办托运手续，一定要在 7 天内将其送到，请你帮 Ferry 设计一个物流方案（费用只需报主运费即可）。

（4）如果文中的 John 想让 Ferry 负责到东莞提货，那么 Ferry 的方案还应增加哪些内容？

（5）接第（3）题，空运货物委托书应如何填写？

【知识链接】

一、海运订舱委托

为了明确托运人与货代的关系，向客户提供订舱的基本信息，特别是对初次合作的客户或项目，货代会要求客户以托运人的名义起草一份订舱委托书。这是货代凭以订舱的依据，也是双方业务关系的证明，甚至是一份协议。对于协议客户，这一环节往往是以口头形式约定的，再通过其他单据附属确认。委托书一般没有固定格式，可由货代提供，也可由货主（托运人）提供。常见委托书包括以下内容（此处内容亦为委托书填写步骤）：

（1）发货人（托运人）——填写出口公司（信用证受益人）。

（2）收货人——填写信用证规定的提单收货人。

（3）通知人——填写信用证规定的提单通知人。

在订舱委托书上一般会注明托运人、收货人、通知人，这三栏为提单 B/L 项目要求，即将来船公司签发的提单上相应栏目的填写也会参照订舱委托书的写法。因此，这三栏的填写应该按照信用证提单条款的相应规定填写（具体可以参见提单条款的填制方法）。

（4）信用证号码——填写相关交易的信用证号码。

（5）开证银行——填写相关交易的信用证开证银行的名称。

（6）合同号码——填写相关交易的合同号码。

（7）成交金额——填写相关交易的合同总金额。

（8）装运口岸——填写信用证规定的起运地。如信用证未规定具体的起运港口，则填写实际装港名称。

（9）目的港——填写信用证规定的目的地。如信用证未规定目的港口，则填写实际卸货港名称。

(10) 转船运输——根据信用证条款，如允许分批，则填“YES”，反之，则填“NO”。

(11) 分批装运——根据信用证条款，如允许分批，则填“YES”，反之，则填“NO”。如信用证未对转船和分批作具体的规定，则应该按照合同的有关规定填写。

(12) 信用证有效期——填写信用证的有效期。

(13) 装运期限——填写信用证规定的装运期限。

(14) 运费——根据信用证提单条款的规定填写“Freight Prepaid”(运费预付) 或“Freight Collect”(运费到付)。

(15) 成交条件——填写成交的贸易术语，如“FOB”、“CIF”、“CFR”等，这要视实际情况填写。

(16)~(19) 客户信息，按实填写。

(20) 特别要求——如托运人对所订舱位有特殊要求的话，可以填在这一栏中。

(21) 标记唛码——填写货物的装运标志，即通常所说的“唛头”。

(22)~(33) 货物信息，请仔细填写，事关运输工具、集装箱的选择。

(34) 备注——如有其他事项可填入此栏中。

二、空运订舱委托

空运订舱的方式及途径和海运订舱相似，一般由具有一级代理资格的空运代理进行。

无论是航空货运代理公司主动承揽，还是出口货物发货人上门委托，只要双方就航空货运代理事宜达成一致（确定运输价格以及服务条件），航空货运代理就可以向发货人提供一份自己所代理的航空公司的空白《国际货物托运书》，让发货人填写。

《国际货物托运书》是一份重要的法律文件。根据《华沙公约》的相关规定，托运书必须由托运人自己填写，并在上面签字或盖章，作为货主委托航空货运代理承办航空货运出口货物的依据。航空货运代理将根据托运书的要求办理出口货运手续，并据以结算费用。

某些特种货物，如活动物、危险品由航空公司直接收运。

航空货运代理公司在接受托运人委托后，在单证操作前，通常会指定专人对托运书进行审核。审核重点是价格和航班日期。审核后，审核人员必须在托运书上签名并注明日期以示确认。

进行委托时，发货人除了应填制《国际货物托运书》以外，还应给航空货运代理提供贸易合同副本、出口货物明细发票、装箱单以及检验、检疫、通关所需要的单证和资料，以便航空货运代理办理订舱、提货、报关、制单等手续。

空运货物委托书的内容和填写方法基本同海运订舱委托书一致。

1. 托运单的填写

空运的托运书作为填开货运单的依据，应由托运人自己填写，而且托运人必须在上面签字。其格式及内容同海运的订舱委托书类似，包括以下内容。

（1）托运人（Shipper）。

（2）收货人（Consignee）。

> 应填收货人的全称、街名、城市名称、国名（特别是在不同国家有相同城市名称时，必须要填上国名）以及电话号、电传号或传真号，航空货运单不能转让。

（3）始发站机场（Airport of Departure）。

（4）目的地机场（Airport of Destination）。

（5）要求的路线/申请订舱（Requested Routing/Requesting Booking）。

（6）供运输用的声明价值（Declared Value for Carriage）。

> 填写供运输用的声明价值金额，该价值即为承运人负赔偿责任的限额。承运人按有关规定向托运人收取声明价值费，但如果所交运的货物毛重每公斤不超过20美元（或其等值货币），则无须填写声明价值金额，可在本栏内填入“NVD”（No Value Declared，未声明价值）。如本栏空着未填写时，承运人或其代理人可视为货物未声明价值。

（7）供海关用的声明价值（Declared Value for Customs）。

（8）保险金额（Insurance Amount Requested）。

（9）处理事项（Handling Information）。

> 填写附加的处理要求，例如：另请通知（Also Notify）。除收货人之外，如托运人还希望在货物到达的同时通知其他人，则另填写通知人的全名和地址。

（10）货运单所附文件（Document to Accompany Air Waybill）。

（11）件数和包装方式（Number and Kind of Packages）。

（12）实际毛重（Actual Gross Weight）。

（13）运价类别（Rate Class）。本栏可空着不填，由承运人或其代理人填写。

（14）计费重量（公斤）（Chargeable Weight，kg）。

（15）费率（Rate/Charge）。本栏可空着不填。

（16）货物的品名及数量（包括体积及尺寸）［Nature and Quantity of Goods（Incl. Dimensions or Volume）］。

（17）托运人签字（Signature of Shipper）。

（18）日期（Date）。

第四节　课程教学实施

根据物流预备技师的培养目标和课程设置的特点，物流预备技师培养的课程教学实施主要采用以企业工作过程为导向的项目化教学方式，并辅以理论与实践一体化教学法、案例教学法、双导师制的企业项目实践教学法、专项能力训练法与综合能力训练法等多种教学形式。

一、理论与实践一体化教学法

理论与实践的一体化教学是职业院校在专业教学活动中探索出来的一种创新教学方法。通过整理、融会教学环节，把专业理论知识与职业技能实践相结合的教学方法作为整体进行考虑，以教师的讲解和学生的训练交替进行来完成一体化教学。其突出特征是以学生为中心，以完成训练任务为目标，从而构建职业能力培养目标体系。

以“物流装备与技术”为例，它是一门应用性与实践性较强的物流预备技师培养专业课程，要求学生既要具有与物流专业需求相适应的物流装备基础知识，又要具有能进行物流装备操作的专业技能，以及一定的职业素养和创新意识。因此，在教学组织上应采用理论与实践一体化的教学方式。如教师在完成对学生的各类货物分拣设备类型和特点的理论教学后，随即展开各类分拣设备所适用的货物和订单类型的现场训练，理论指导实践，同时又让实践反过来检验理论，这种教学方式贯穿于物流预备技师人才培养的始终并具有不可替代的作用。

由此，我们可以给出实施理论与实践一体化教学方式的几点建议。

（一）对应的教材体裁

理论与实践一体化教学所用的教材必须摒弃传统学科体系的理论化教材，而选择对应的理论与实践一体化教材。因为理论化教材更注重的是理论知识的全面性和系统性，虽然有些教材在每个章节的后面都会附带对应的实训任务，但学生的学习过程还是在理论与实践的分离中进行的，无法达到预期的培养效果。而理论与实践一体化教材将理论与实践进行有机结合，使学生在实践中理解理论，再用理论指导实践，从而实现一体化掌握的目标。

（二）过硬的师资队伍

理论与实践一体化教学对教师的要求也是较高的。它要求教师不仅要具有较扎实的专业理论功底，还要具有较熟练的实践技能，更要具有理论与实践结合的教材分析及过程组合的能力。教师不仅是传统意义上的双师型人才，更是具有创新综合能力的人才。否则教学方案难以设计，教学过程难以控制，教师也很难做到有求必应，有问必答，融会贯通。

（三）必要的教学资源

要实施理论与实践的一体化教学，传统的教室或者实验室肯定是不能满足要求的，所以集理论、实践和教学为一体的专业实训室就成了必要的教学资源。实训室中既有传统教室中应有的投影、黑板、教学桌椅，又有供技能训练用的设备、软件、场地/工位等教学环境和资源。

（四）适合的专业课程

物流预备技师培养的课程结构和课程性质特点各异，并不是所有的课程都适合使用理论与实践一体化的教学方式，它主要适用于一些技能形成相关性大的专业基础课，如“物流装备与技术”、“物流信息系统”、“物流英文单证”等课程。

二、案例教学法

案例教学法也叫实例教学法或个案教学法，即在教学中，教师根据教学目标和内容的需要，采用企业的实际案例组织学生进行学习、研究和锻炼能力的方法。案例教学法把真实而典型的问题展现在学生面前，让他们设身处地地去思考、分析、讨论，对于激发学生的学习兴趣，培养其创新能力及分析、解决问题的能力大有帮助。案例教学法体现了课程改革的新要求，在物流预备技师培养课程教学中能收到良好的教学效果。

案例教学法通过案例分析和研究，达到为学生今后就业做准备的目的。在分析过程中，学生可以自己提出问题，并自己找出解决问题的途径和方法，从而提高独立分析和处理问题的能力。

如在“客户关系管理”课程中，为帮助学生理解“何为令人满意的服务”，任课教师选择了“客户投诉处理”、“客户关系维护”等六个案例，引导学生进行分析研究，以提高学生的分析能力。这六个案例篇幅短小，都是较为典型的客户服务事件，学生从中可以发现令人满意的服务所应具备的特征。为了让学生的行为符合预定的教学目标，教师还设计了一份练习，要求他们阅读后完成，并对完成结果进行总结和点评。在案例教学中，教师设计这样的练习，既可以保证学生的阅读质量，又提高了案例教学的效率。

由此，我们总结出案例教学法在教学中的几大要点。

（一）教师任务

在案例教学中，教师与学生承担着更多的教与学的责任，要求双方有更多的投入和参与。教师有责任去选择和组织要讨论的材料，也有责任从大量的资料中选择出适当的案例。如果手头没有现成的、可以覆盖所教内容的案例，就要自己去撰写，并以一定的程序把它呈现出来。除了供课堂教学分析的案例外，还应准备供学生课后练习的案例。

（二）学生任务

学生要对教师所提供的具体事例和原始材料进行分析和讨论。在学习过程中，每一个个体都需要贡献自己的智慧，没有旁观者，只有参与者。学生一方面要从彼此间的交流、讨论中提高对问题的洞察力，同时也应及时从教师与同学那里获得反馈。这为学生将来的职业岗位设置了一个近乎真实的场景，缩短了教学与实践之间的差距。

（三）适合的专业课程

案例教学法是物流预备技师培养教学中常用的教学手段，比较适合一些商务基础能力课程和部分物流专业能力课程，如“物流客户服务”、“物流销售业务操作”、“国际贸易及单证”、“物流方案设计”等。但在这些课程教学的案例选择方面，必须注意案例内容的真实性、深度以及案例是否与教学目标相符等问题，同时也要注意案例的使用方法，才能达到良好的教学效果。

三、教学案例开发实例——周大福全国物料配送中心规划实施案例

周大福珠宝金行（深圳）有限公司是深圳技师学院多年的校企合作企业，是深圳技师学院物流专业校外实训基地。在该公司全国物料配送中心实习的过程中，我们发现：物料配送中心主要存放消耗性包装盒、VIP 礼品以及一些工具类物料，物品种类上千，是周大福全国近千家门店的物料总配送中心。随着周大福珠宝金行（深圳）有限公司业务的快速发展，该配送中心出入库作业量不断增长，逐渐出现了收货区、发货区商品管理混乱，仓库储位利用率低，货物存取不方便，货物压仓严重，进出库高峰期操作发生拥堵等问题。这些问题日益严重，阻碍了该公司业务的正常运营。2009 年，深圳技师学院物流专业教师带领实习学生对其全国物料配送中心进行了评估、诊断，对仓库进行规划设计，合理配置设备，提出库存管理优化方法，在此基础上为该公司制订了《周大福全国物料配送中心规划实施方案》，并经公司同意，列为企业更新改造项目。根据该方案实施完成的周大福珠宝金行（深圳）有限公司全国物料配送中心经过三年多的运营应用证明，该项目有效地解决了初期建仓的营运问题。配送中心面积利用率比原来高出了 140%，其拣货、出库等的作业效率提升了近 35%。货物压仓情况得到了很好的控制，货物周转率提升了近 30%。项目的实施对周大福珠宝金行（深圳）有限公司全国物料配送中心运作水平及该公司的物流服务质量的整体提升有重要的推动作用，为该公司带来了较好的经

济效益。2012 年，作者对该项目的设计、实施、效果与不足进行了系统总结，并在此基础上编写出教学案例，在教学中取得良好效果。该项目案例分析报告被评为2013 年全国物流与采购信息化优秀案例。

案例 3　周大福全国物料配送中心规划实施案例

一、企业简况

近几年，我国珠宝连锁经营创造了珠宝零售业新的经济增长点，珠宝连锁销售成了许多珠宝行业的主要营销方式。然而，随着珠宝零售企业连锁分店越来越多，扩张区域越来越广，物流问题成为珠宝行业发展的关键。珠宝行业物料管理模式，大多数都是总部集中采购，统一库存，统一配送；但由于全国各店的需求时间、空间及物品种类不一，要求配送中心有更高的管理水平并使其具有更高的工作效率。

周大福珠宝金行（深圳）有限公司是一家以珠宝零售服务为主的经营性企业。周大福珠宝金行（深圳）有限公司全国物料配送中心主要存放消耗性包装盒、VIP 礼品，物品种类多达 1 200 种，是周大福全国近千家门店的物料总配送中心。该中心由于其配合销售开发的物料品类繁多，属性复杂，再加上仓库管理混乱，问题一直层出不穷。为此，2007 年，周大福公司委托深圳技师学院物流专业对其全国物料仓储配送中心进行更新改造。

深圳技师学院物流专业教师对其配送中心进行了评估、诊断，对仓库实施规划设计，合理配置设备，提出库存管理优化方法，在此基础上为该公司制定了《周大福全国物料配送中心规划实施方案》，并指导周大福珠宝金行（深圳）有限公司完成方案实施。

二、问题与原因分析

周大福珠宝金行（深圳）有限公司全国物料配送中心设有一个约 1 200平方米的库房。该中心管理混乱，操作效率低，其主要问题为：

（1）收货区、发货区商品处理缓慢；

（2）仓库利用率低，存取不方便；

（3）设备利用率低；

（4）周转率低；

（5）高峰期订单量大，无法及时处理；

(6) 岗位工作职责不明晰，多头管理以及无人管理的局面大量存在；

(7) 货物存储规划凌乱，退货返修与正常品混存。

经过实地调研分析，找出问题的主要原因如下：

(1) 业务流程混乱；

(2) 信息处理手段落后；

(3) 仓储规划不足；

(4) 管理方法单一，制度不完善。

三、更新改造项目实施

针对上述问题，我们制定了以提高仓储信息化管理水平为主要目标的系统改造方案。

1. BPR——企业流程再造

对业务流程进行梳理，按照供应链管理和信息化系统应用的要求，优化业务流程。建立从采购、供应、仓储配送、零售到客户收货的供应链系统，优化供应链结构，提高供应链效率。

针对企业仓储出入库管理混乱的问题，结合周大福企业实际情况，分别对采购接单、入库管理、出库管理、库内运作管理、配送管理、在途跟踪管理等方面进行优化，实施流程重组。以业务流程为改造对象、为中心，以关心客户的需求和满意度为目标，对现有的业务流程进行根本的再思考和彻底的再设计。利用先进的制造技术、信息技术以及现代的管理手段，最大限度地实现技术上的功能集成和管理上的职能集成，以打破传统的职能型组织结构，建立全新的过程型组织结构，从而实现企业经营在成本、质量、服务和速度等方面的巨大改善。

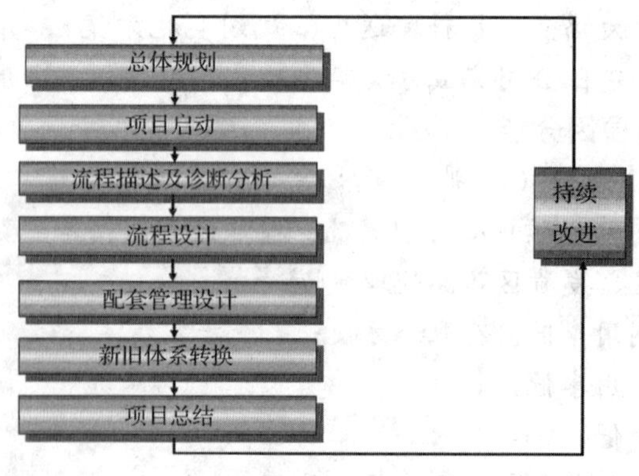

图 4－2 企业流程再造

(1) 确定流程再造的原则。

以客户为导向：客户不仅仅是指企业外部的消费者，同时还包括企业内部的工作人员。须服务好每一个环节的工作人员以及终端客户。

以流程为中心：坚持以流程为导向的原则，将企业的管理方式从以任务为中心改造成以流程为中心，将原来的一个个孤立的任务，连接成能够表示任务之间关系的流程。实现从传统的面向职能管理转变为面向流程管理，将业务的审核与决策点定位于业务流程执行的地方，缩短信息沟通的渠道和时间，从而提高对顾客和市场的反应速度。

(2) 现有流程的诊断与分析。

分析企业的核心业务流程以及次要流程，减少不必要的流程以及环节。

分析关键点：流程为什么运行效率低、运营成本高、经济效益差，找出原因，并制定对策。在流程再造前，收货区、发货区商品处理缓慢，经核查主要是因为订单处理人员未能及时地处理单据，导致无法核单，无法按单出货。流程再造后，要求采购订单多套打一联，由供应商直接随货交单；同时企业出库单第一时间交接给仓管人员，以便备货。经整改，仓库出入库效率大大提高，单天操作单据量提高40%。

减少不必要的流程以及环节：公司基本采用条码系统管理物料，公司必须在发货前根据要求打印和粘贴条码标签。标签打印粘贴工作不仅效率低下，存在错误隐患，而且是不增值的活动，应将该工作摒弃，并前置为供应商完成。

(3) 建立SOP（标准操作流程）。

经过一段时间的流程重组，结合企业的实际情况，我们为企业提供了整套运作流程，建立了标准操作流程SOP。为企业提供了10个操作手册，包括采购管理SOP、订单跟踪管理SOP、加工管理SOP、入库管理SOP、出库管理SOP、库内管理SOP、仓库安全管理SOP、贵重物品管理SOP、异常处理SOP以及配送管理SOP，规划了企业运作模式，使各部门各司其职，提高了工作效率，使责任更加明晰。

本案例中实施企业流程再造面临的主要问题有：企业管理层管理观念的滞后；企业其他老员工由于习惯以前的运作方式，对于新的运作模式会有一定的抵触情绪和负面影响，应加强员工的培训；在新旧流程对接的过程中，存在一定的混乱局面。

2. 信息系统优化与提升

为了提高信息化管理水平，采用了先进的信息化处理手段，如：电子标签分拣货架、手持无线终端、供应链仓储管理信息系统。

供应链仓储管理信息系统包括客户订单接受、采购管理、物流中心管理、仓储管理、配送管理和财务结算管理，实现了总部库存与各门店之间的信息集成与管理。有效解决了一级中心仓与二级DC、各个销售门店库存信息不一致的问题，实现库存商品信息的可视化管理，便于各个门店及时更新、查询相应的库存信息，杜绝了信息不对称的问题，解决了以往业务中的信息孤岛现象和信息不对称现象。

供应链仓储管理信息系统很好地解决了各个门店盲目备货的问题，该系统统计各个区域某一个产品的销售量，能够及时智能动态调整采购策略，合理采购；同时也很好地杜绝了各个门店盲目备货，导致某一品种大量积压某一个门店，而其他门店却大量缺货的问题。

电子标签分拣货架有效地解决了企业拣货差错率高的问题，通过该系统，仓管人员作业效率提高80%，差错率降低到0.3%。同时，电子标签系统方便开展盘点以及货位管理，大大降低盘点时间，使货位管理更加清晰，货品不再随意乱摆。

手持无线终端高效解决了企业出入库效率问题，通过PDA设备扫描条码，实现商品快速出入库，大大地提高了仓储作业效率。

针对企业实际业务的要求，我们对应用软件进行二次开发，借助现代化信息技术、网络技术建立了从供应商采购、仓储与存货跟踪、订单录入与管理、配送运输到为客户收货的整个供应链，成功实施了分布式物流系统的供应链管理，实现了QR、ECR、CM管理。

本案信息化实施的主要困难在于经费投入限制和人员素质能力要求。针对项目经费预算限制，我们在整个项目实施方案中，重点对关键工序和关键结点上的相关设施和系统进行了优化升级改造，避免了大量盲目应用现代化装备和脱离实际的信息化系统的使用，大大降低了项目成本。同时，在项目实施过程当中，对周大福不同岗位的业务操作人员进行了系统的信息化专题培训，为信息化实施提供了人才保证。

3. 提高仓储作业效率

除采用供应链仓储管理信息系统，增加了仓库辅助设备，还对周大福的仓库进行了相应的规划：

(1) 合理分区。

我们为企业规划了相应的仓储区域功能图，根据以往的销售数据以及现有的库存数据，将仓库规划为以下几个区域：入库作业区、出库作业区、退货区、理货区。各个区域都设立黄线，方便仓储人员操作。

(2) 建立编号与货位。

我们为每一个货架都建立了相应的编号，对每一个货位都进行相应的规划，使每一个货位可以存储的货量都进行系统录入。

(3) 合理储存。

针对不同产品的出入库频率，我们制定了相应的储存策略，出库频率高的产品，靠近出库作业区；同时分析了大部分产品的特点，为大部分的产品制定了存储方案。

本案例中，在实施仓库规划时主要面临仓储人员不严格按照系统执行按货位入库的原则，导致后续货位信息不正确的问题。

4. 采用了先进管理方法，建立库存管理制度

(1) 建立岗位责任制度。

结合企业流程重组，我们根据优化后的流程，设立了相应的岗位，并严格分工和协作，明确了各个岗位的工作内容以及入职应具备的基本素质，为企业招聘合适的员工、明确工作内容提供了帮助。

(2) 建立绩效考核标准。

我们制定了一系列的绩效考核标准，标准细致，有具体的考核指标。绩效考核共分为三大模块：运营类绩效考核指标、客服类绩效考核指标、成本类绩效考核指标。其中运营类绩效考核指标全面、可执行性强。

(3) 实施货物分类管理，重点管理（ABC 分类管理)。

在商品分类管理中，我们采用了复式 ABC 管理法，对 A 类物资建立详细的出入库记录，并经常检查库存情况；B 类、C 类物资做好一般性监控，以较少的仓储成本获得高效益。在库存管理中，建立了科学的库存控制方法，对占企业的资金高、销售确定、频率快且需求水平高的物料要求有一定的物料储备，维持合适的安全库存，建立与供应商和客户（全国门店）的信息联系；对价值低、数量多、销售确定、市场需求高的物品实行定期检查，批量采购。

(4) 制定贵重金属管理方案与制度。

严格明确出入库管理制度，增加门禁与电子监控。同时，建立管理制度，没有得到授权的人员不得进入仓库。

四、分析与评价

深圳技师学院物流专业教师对其配送中心进行了评估、诊断，对仓库实施规划、设计，合理配置设备，采用先进实用的信息管理系统，提出库存管理优化方法，并指导周大福珠宝金行（深圳）有限公司完成方案实施。

经过三年多的运营应用证明，该项目有效地解决了初期建仓的营运问题，通过对业务流程的优化设计，实施信息集成化管理，采用必要的先进装备，应用先进的管理方法，使仓库的库容及作业效率都有了大幅度的提升，同时通过系统科学的管理制度有力地促进了该公司的人力资源成本、库存货物资金占用成本的降低。更新改造后的全国物料配送中心经使用单位评价，其面积利用率比原来高出了140%，拣货、出库等作业效率提升了近30%，货物压仓情况得到了很好的控制，货物周转率提升了近30%，显著提高了企业的经济效益。

本项目采用物流行业中的先进物流信息管理系统和技术装备及管理模式，解决了企业的重大生产瓶颈，产生了较高的经济效益。该项目的实施对周大福珠宝金行（深圳）有限公司全国物料配送中心运作水平及该公司的物流服务质量的整体提升发挥了重要作用，为该公司带来了较好的经济效益。

五、项目实施对行业的影响

目前，我国仓储行业中一些企业不计成本地投入资金，进行物流配送中心的建造，购入非常先进的仓储设备，包括各种先进的装卸搬运设备、高层货架仓库等，但相关信息化管理手段达不到要求，使用效率不高，造成资源浪费。而另外一些企业对提高仓库作业自动化、机械化、信息化的认识不足或由于资金等条件的限制，对物流配送中心投入很少，很多配送中心作业甚至仍旧靠人工操作和手工记录的方式。当下，多数配送中心未能与上、下游实现紧密衔接管理，呈现孤岛状态，信息流未能贯穿整个供应链，造成库存积压等问题，大大提高了成本。

本项目的成功实施，解决了我国连锁经营企业这种总部集中采购、统一库存、统一配送的典型物流系统优化问题。项目借助现代化信息技术、网络技术建立了从供应商采购、仓储与存货跟踪、订单录入与管理、配送运输到为客户收货的整个供应链，成功实施了分布式物流系统的供应链管理，实现了QR、ECR、CM管理，做到了在不影响企业物流效率、满足企业对物流系统需求的前提下，进行适当的投资，建设经济适用的企业物流配送中心的目标，成为我国仓储行业更新改造的成功范例，在物流行业产生了较大的影响。

当前，我国仓储管理的现状是：仓库数量大，信息化管理水平较低，仓储技术发展不平衡。虽然一些大型企业仓库拥有非常先进的仓储设备，引用了现代的管理信息系统，但根据行业协会的统计，70%以上的仓库仍旧依靠人工操作，没有采用先进的管理信息系统和现代化的仓储设施，再加上缺乏仓储管理人才，致使仓库的操作效率、管理水平低下。而在刺激国内需求，提高流通效率，抑制物流成本的大背景下，提高物流行业的信息化水平越来越受到政府、行业和各个企业的重视。本实施方案具有低投入、高效率、可操作性强的特点，实现了经济适用性、管理科学性、技术先进性的有效结合，具有较大的推广价值。

六、改进方案及建议

该项目建成投入使用已经三年，随着形势的发展，该项目也暴露出一些新的问题，如：如何实现产品从原材料采购到消费者使用过程在物联网环境下物流供应链的全过程跟踪管理；系统如何与电子商务运营相衔接；实体店运营如何与电子商务运营求同存异，差异化竞争；电子商务模式下贵重物品的物流运营如何管理；实体店与网店并存的条件下物流如何管理等，将成为下一步方案改进的重点。今后将着重研究如何运用物联网技术实现物流供应链内容的互联，如何从物流供应链管理的需求出发进行系统软件设计和硬件平台搭建，将现代管理技术、自动化技术、系统工程技术及现代信息技术有机结合，构建一个高水平、现代化、智能化、自动化的物流供应链管理系统。该系统将以物流供应链整个业务流程为基础，以提高物流供应链管理效率为核心，结合智能信息相关技术，包括条码技术、电子标签技术、RFID 技术、信息采集技术、自动化控制系统等物流硬件和软件技术，以物流信息管理系统为平台，以先进的物流设备为实现手段，实现基于 Internet/Intranet 的信息交互管理等物流供应链的各个环节；系统将结合物联网技术实现支持网上下单、网上跟踪、网上查询功能，最大可能满足互联网时代对物流产业信息化的需求。

四、项目化教学法

过去的课程教学往往是理论与实践相分离，或虽然实现了理论与实践相结合的一体化教学，但却与企业的工作任务相分离，教学与企业实际工作要求差距较大。项目课程实现了理论、实践与工作任务相结合的一体化教学，因此我们在物流预备技师课程教学上应该大力推行以工作过程为导向的项目课程改革。目前物流预备技师的主干专业课已全部实现了项目化教学。

（一）项目化教学法的目标

项目化教学法适合项目课程教学，是物流预备技师培养的主要教学方法。根据培养目标确定的训练项目（或工作任务），能通过项目教学法进行组织教学。在设计开发教学项目时要注意，该项目教学的实施要能够起到提高学生的知识、技能、职业素质等能力的作用，同时在发展行业新技术和符合管理趋势上也要有所体现。

（二）项目课程教学对课程提出新要求

项目课程教学实施的前提是该课程是项目课程，课程本身有明确的培养目标、项目载体。但要保证项目课程教学工作的正常开展，还必须要做好以下工作。

1. 应细化课程培养目标

首先，应对课程的目标进行合理划分。项目课程从时间的角度跨越了课前、课中和课后，从空间的角度跨越了校内和校外，校内分配给项目教学的时间非常有限、宝贵，这对老师和学生的精力都是一大考验。为了尽可能提高教学效率，严格划分各门专业课程的培养目标将非常重要。

其次，应细化课程自身的培养目标。课程的培养目标已在大纲、教材编写阶段进行了确定，但这往往只是一门课程或一个项目的总体目标。为了保证项目课程的顺利实施，先要将总体目标分解到每一次授课当中，并按其对本课程的重要程度形成一定的层级，各层级都要有自己的逻辑主线。一般来讲，逻辑主线应符合工作程序和学生能力提升的先后顺序。

在教学实施过程中，我们以专业为单位，将每门课程的培养目标分成三个层次，如表 4－23 所示。

表 4－23　课程培养目标能力层次分解

	核心能力	辅助性能力	其他相关能力
组成	专业培养目标，岗位核心能力	岗位辅助性能力	基础、通用性能力

（续上表）

	核心能力	辅助性能力	其他相关能力
学习途径	预习 + 教师指导	自学 + 复习 + 疑难解答	提供学习路径，自学
学习时间	课前、课中、课后	课前完成、课中验收	课前完成、课中应用
定位	基本目标，课程间不重复	已基本具备的能力，在课程中完善提升	应完全具备的能力，在课程中直接应用

2. 应将企业典型项目转换为教学项目

首先，项目课程中的所有教学项目都要来自企业项目，而且这些项目最好是行业、企业的典型业务，有对应的工作岗位，并且和教学培养目标一致。

其次，项目完成要能在教学中实现。这就要求我们选择合适的企业典型项目，将其分解成若干任务，不仅要使这些任务能在课堂上实施，还要充分考虑学生的条件，考虑其能力培养的阶段性、递进性，结合知识的难易程度、内在逻辑，按工作体系对项目进行梳理、细化、分解，并有计划地逐步建立其知识体系，提升学生的职业素养。

以“货代业务运作”课程中的订舱项目为例，订舱是货代的典型业务，其基本作业程序是客户向货代提出服务需求，货代进行资源整合（落实、优化）后形成订舱方案，客户若同意该方案，则业务成交。作为一名熟练的货代业务员，可以在很短的时间内完成一笔业务，但如果直接将这个项目移入课堂，学生可能会无从下手，因而必须将其进行合理转换，即将其细分为若干任务，针对这些任务让学生进行相关的准备，以更好地将任务目标和知识目标、能力目标相结合。

（三）项目课程的教学环境

项目教学的环境要求不同于传统教学对环境的要求，也不同于实训教学的操作环境，除了应具备能够满足正常教学的基本条件（如教学场地、多媒体设备等）、专业作业条件（如专用作业场地、仪器设备及操作系统等资源配置）外，还应具备以下条件。

1. 企业工作情境

为保证项目的真实性、项目实施的真实性，项目课程实施更需要企业工作情境，即除了具备项目实施的作业条件外，还应包括工作氛围的营造、工作关系的建立、企业考评体系的支持等。

2. 在条件许可的情况下，进行企业现场教学

教学情境毕竟不是真正的企业情境，只是接近企业实际条件的情境。在条件许可的情况下，学生如能在企业上课，执行真正的企业项目，这将是项目课程教学的最佳实践。现场教学不仅在真正意义上实现了项目真实、情境真实等课堂难以实现的条件，而且通过顶岗操作，学生对岗位的认知度会得到提升，工作目标会更加明确。同时，现场教学在激发学生的学习兴趣、优化学习效果方面也起到了很好的作用，从而能更好地实现教学目标。

（四）依托基层教学管理单位，推动项目课程实施

项目课程实施是一个系统工程，是团队合作的结果。常规院校在教学管理方面一般实施三级管理，即校、系（院）、教研室。在项目实施过程中，首先是学校对项目课改的战略目标进行规划并提出总体要求；其次是系（院）对具体项目课改工作的有效指导和管理；最后，专业教研室在项目课程实施中发挥着重要作用，即做好具体项目课程实施方案的研讨和做好项目课程实施的各项准备工作。

由此，我们可以看出，教研室是项目课程改革的执行单位，也是项目课程教学实施的最直接的管理和执行单位。在教学实施阶段，教研室可通过公开课、研讨会等形式，引导专业教师熟悉新领域、学习新方法，必要时可考虑统一项目选择、任务设计标准、教案模板等，以达到资源共享和共同提升的目的。

此外，教研室集体备课，是项目课程教学阶段的一种有效的工作模式。项目课程是一项系统工程，是团队合作的结果，教研室集体备课响应项目课程实施的要求，开创了团队作业的新形式。集体备课可以大大提高备课效率，弥补教师作为个体而存在的在知识体系、能力体系上的不足，对教学资料起到了较好的完善作用，实现了项目教学方案最优化，同时也达到了培养教师的目的。特别是在项目课程改革初期，在能胜任项目课程教学的师资普遍不足的情况下，教研室集体备课是迅速建立专业师资队伍的有效途径。

（五）项目课程任课教师的定位

任课教师是完成项目课程教学任务的责任主体，是项目课程教学的组织者和实施者。项目课程实施成功与否，任课教师的能力高低至关重要。任课教师在项目课程实施过程中扮演着重要角色。

项目课程对任课教师的综合素质要求很高，教师在项目课程教学中的作用集策划、组织协调、监督控制、考核评价于一体，教师是总导演、总策划。

1. 项目策划者

担任项目课程教学工作的教师首先是项目的策划者，不仅要从诸多的企业实践项目中精选出合适的项目，保证其为社会普遍接受，并适宜在课堂上进行演绎，还要明确项目实施的目标，合理进行人员的分工。

2. 项目组织者

项目课程教师应具备丰富的教学组织管理、作业（业务）管理的经验，以及较强的组织领导能力。要能够制订严密的工作计划、明确预期目标、合理分工、准确下达任务指令，瞻顾全局，随时把控进度、调整方向。同时还要具有岗位工作所要求的知识、技能、职业素养，并据此对学生进行合理分工定位，保证项目的正常开展。因此，项目课程教师是项目的组织者。

3. 项目咨询者

项目课程教师同时应是一名咨询师，甚至要能够胜任项目所涉及的各个岗位的工作任务。担任项目课程教学的教师应具备履行目标岗位职责的实践能力，有丰富的一线工作经验，能对角色进行准确定位，能预见项目实施过程中会出现的各种问题并加以解决，能对项目执行给予有效的询答和指引，以保证项目的顺利开展。

4. 项目评估者

除上述职责外，任课教师还必须是一个专业的、优秀的考评员。项目课程教师要全程跟踪项目的进展，要对项目进行细致入微的观察，最终对项目的开展、成果及项目中每个成员的表现给予系统、专业、公正的评价。

（六）项目课程教学对学生要求的转变

从教学时空来看，项目课程的实施跨越了课前、课中、课后以及校内、校外，因此其组织实施的强度和难度是可想而知的，学生承担的课业压力也将大幅度提升。在项目课程教学中，学生在课程中所处的地位、所扮演的角色、所承担的任务等都发生了巨大的改变，因此项目课程对学生也提出了新的要求，要求他们进行相应的转变。

1. 学习目的转变

在项目课程教学当中，学生的学习已不再满足于传统教学当中的对理论知识的掌握，而是要求具备能够完成岗位工作任务的能力。课程中的项目一般要直接对应企业的工作岗位，学生如能对专业培养的岗位目标认识明确，对岗位认可，对自己未来的职业有一定的认识，对自己的发展目标有所规划，就能保证学习目标和学习行动的高度一致性，提高学习效率，达到具备岗位要求的综合素质的目的。

2. 角色转变

在项目课程中，学生所扮演的角色不仅仅是学生，他们还承担着企业的工作项目，是项目的主要执行人。因此，从某种意义上来说，他们更多地是扮演着一个职业人的角色。

3. 学习态度转变

在传统教学中，学生处于被动接受的地位。老师教什么，学生就学什么，学生是被动学习。这种学习态度在项目课程教学中必然会被扭转，因为项目实施本身具有时效性，项目成果具备功利性（经济性等），这就要求学生要时刻紧跟项目进度，而且他们在知识、能力等各方面的提升都能保证项目的正常进行。项目课程的特点决定项目前期的准备工作和后期的总结完善工作必须都要做好。做不好前者，将无法完成课堂目标；做不好后者，能力的渐次提升将无法实现。这些工作无论从时间、空间上考虑，还是从学生自身条件的不同来考虑，都不可能由老师来完成，只能由学生自己去发现问题和不足，自己想办法去解决和弥补。因此，项目课程中的学生必须改被动学习为主动学习。

4. 学习方法转变

在项目课程实施过程中，学生传统的学习方法将会彻底转变：由个人学习转向小组学习，由课堂教学转向课外自学，由封闭式学习转向开放式学习。在项目课程中，学生更多情况下是项目组的一个成员，项目是由整个小组分工合作完成的；项目的完成时间不再局限于课上，更多的课余时间将会被利用；学习地点不再局限于课堂，深入社会、企业将不可或缺；信息的来源不再局限于教师与教材，更多地来自专家指导、网络、专业书籍等。

（七）校企合作实施项目课程教学

企业在项目课程开发中发挥着重要的作用，企业项目是项目课程中所有项目的来源，企业是项目教学实施过程中的重要参与者、指导者，更是项目教学成果的最终评价者。

1. 企业项目是教学项目的来源

真实的项目从哪里来？从企业来。长期、稳定、深入的校企合作是项目课程开展的重要保证，是培养目标确定的依据，企业的日常业务就是我们取之不尽的教学资源。

2. 企业直接参与项目课程教学的实施

项目课程必须依托一家或几家企业，由企业专家和教师共同探讨培养目标、教材设计，专家走进课堂进行指导，项目课程甚至随时可满足将课堂带进企业的要求，企业全面提供技术、设备及学生上岗作业的机会。这样就保证了学校和企业的有效沟通，避免了教学目标发生偏离，也避免了教学内容落后于产业的发展，从而实现校企资源共享与合作双赢。

3. 企业是项目教学效果的最终评价单位

首先，企业评价的是课堂教学的效果。企业直接参与项目课程的设计，深入课堂跟踪实践教学，甚至直接参与教学活动，且对项目的开展、学生的表现及项目的成果给予评价，并提出意见和建议，甚至直接采用项目成果。

其次，企业评价的是项目教学的主体——学生。企业作为最终的用人单位，是学生能力的评价者。项目课程的最终目标在于提升学生的岗位能力和职业素养，企业对项目课程的评价，最终是通过评价毕业生的表现反映出来的。近年来，我们的毕业生的就业竞争力不断提高，毕业生深受企业欢迎，正是企业对我们教学效果的肯定。

综上所述，项目课程教学的实施是项目课程改革的重要阶段，它既是对项目课程改革的实践，更是对其进行检验和纠偏的重要手段。项目课程教学的成效大小直接关系到项目课程改革的成败。项目课程改革是未来职业教育改革的趋势，项目教学是项目课程改革的实践检验，也是保证教学成果的重要手段。不同的课程有不同的教学方式，因此，这还有待我们进行积极的探索。

（八）项目教学过程中应注意的问题

1. 教学时间如何安排

（1）课堂时间的安排。常规的45分钟教学模式很难保证项目教学的有效开展，因此，延长单次上课时间、分段集中教学等模式都是有效解决问题的手段，但在实际组织过程中应给学生留有足够的课程准备时间和内容消化时间。

（2）课外时间的安排。项目教学从时空的要求来讲已远远不限于课堂时间，为了更好地完成教学工作，教师更应做好引导，充分调动学生的主动学习精神，做好课前准备和课后总结工作。

2. 过于强调技能的训练，而忽略了知识的学习

物流行业的社会分工日趋专业化，在进行以工作任务为引领的项目课程教学过程中，应充分发挥教师的引导作用。如在组织小组成员轮岗作业、布置拓展作业时，应注意安排多样化的学习情境或问题情境，并设计“引导性问题”引导学生对工作实践问题进行思考，培养他们的工作思维能力和处理复杂多变工作情境的能力，并在此基础上对知识进行总结提升，塑造学生职业意识，全面提升学生的综合能力。

3. 教师的总结

教师需要在课程结束的时候对整个课程进行总结和归纳。教师总结要深刻、具体和有针对性，要使学生的知识能力能在本次课程的基础上得到提升和拓展。教师的总结可以集中在学生工作的情况（优秀的方面、不足的方面）、相关专业知识和理论是否运用到位、企业实际案例的应用和分享这三个主要方面。例如，在物流运输行业，对学生可能出现的问题进行总结时，可对在运输过程中哪些环节出现了物品的丢失或损坏，在运输时间上是否做到快速有效，物品在交接过程中是否出现数据错误等方面进行总结，让学生能够了解自身的问题和优点。

五、项目教学应用案例——《货代业务操作——订舱》项目化教学分析

案例4 《货代业务操作——订舱》项目化教学分析

一、教学分析

本次教学采用的项目是货代的订舱业务中的第一个工作，即业务受理

环节。说明如下：

(1) 订舱是货代的典型服务项目，要求货代业务员、操作员、单证员、客户和承运商共同配合完成。

(2) 受理业务是订舱业务的典型工作任务，包括接受业务咨询、订舱方案设计及意向达成三个基本步骤。

(3) 本次教学要求学生利用前期项目成果，设计优质订舱方案（品牌服务商、船期保证、合理报价等），在同行竞争中胜出，获取客户订单。

二、教学准备

（一）项目的准备

在项目教学实施之前，应先将典型工作任务有效转化为可实施的教学任务，分步组织、帮助学生在自主工作实践中分析问题、解决问题，最终实现综合实力的培养。下面是订舱业务受理环节实施流程的转换（如图4－3所示）。

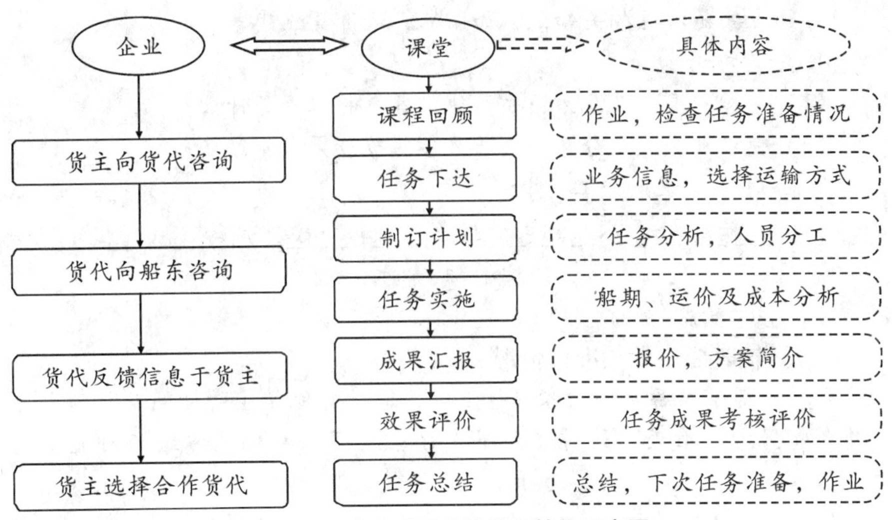

图4－3　企业项目实施流程转化示意图

（二）教学资料的准备

除常规教学准备外，最主要的是学生课前任务书的下达、企业工作单证（订舱委托书）和考核表的准备。

（三）教学场地的准备

主要是教室的准备。需要多媒体教室一间，每人一台电脑，可连接外部网络（便于随时跟踪市场动态、收集信息），装有货代操作系统。

（四）学生的准备

学生先进行分组，一般每组3~5人，按教师下发的工作页进行准备。如：

课前准备页　　编号：2-1-1

班级：＿＿＿＿＿＿　公司：＿＿＿＿＿＿　职员：＿＿＿＿＿＿

任务一　受理业务

1. 工作任务

本次课要求学生利用前期项目成果，设计优质订舱方案（品牌服务商、船期保证、合理报价等），在同行竞争中胜出，获取客户订单（订舱委托书）。

2. 课前作业

准备4月份日韩航线船期信息、运价信息、杂费信息、通关费用信息、深圳周边地区陆运费用信息等。

3. 课前自学

略（主要是海运相关知识，如船期、运价及配载等）。

4. 分析讨论

（1）订舱业务涉及几方关系？他们各自的职责是什么？

（2）受理业务大致分几个环节？各环节应完成哪些任务？

5. 公司（小组）分工

公司（每组3~5人）内部进行角色分工，完成分工表。

三、教学实施

（一）检查学生课前准备情况

学生对课前准备页的内容进行汇报，通过其他学生的提问及教师点评对准备情况进行检查，并对准备不充分、没有准备的地方进行补充、更正、处理。

（二）任务下达

明确工作任务，尽量参照企业的实际工作形式，如电话、QQ等，营造实际工作情境。如：

环球国际电器公司要出口一批家电给美国Oakland（奥克兰）的Little Mouse Co.,Ltd.，共22立方米，约10吨……

业务要求：

（1）选择运输方式。

（2）明确运输时间、分析成本。

(3) 确定实际承运人，报价。

(4) 方案最优者（按评价表确定）获得业务。

（三）制订计划

教师引导学生分组讨论，进行任务分解，具体到每个小组成员。

（四）任务实施

小组成员分角色配合完成任务，具体操作可视小组人数、业务情境自行调整。

（五）成果汇报

各小组介绍各自的订舱方案，陈述理由，其他小组进行评价、提问，在辩论中发现问题，总结经验。

（六）考核评价

教师出示评价表，对评价指标进行介绍，对相关知识进行提炼汇总。如：评价表中“时间安排”考核知识点在于订舱提前期，从订舱到装运前总体的工作时间等；“主运费”条款考核海运集装箱运价查询能力、报价方式、货代利润来源等。教师还可结合学生的任务完成情况对学生进行职业素养提升教育。下面是结合深圳地区订舱的一般做法而设计的一份评价表（如表4-24所示）。

表4-24 任务完成情况评价表

标准评分项目	10分	8分	6分	0分	权重	得分
任务完成时间	第一名10分，第二名8分，第三名6分，第四名4分，第五名3分，第六名2分，第七名1分，第八名0分				0.5	
运输方式	海运集装箱整箱运输	海运集装箱运输	海运	未指出	2.5	
有效承运商	2家以上	2家	1家	无	1	
时间安排	装船前余5~7天时间且到港后余7天以上	装船前余3~5天或到港后余不足7天	装船前余7天以上或到港后余不足5天	其他情况	2	
主运费	承运商报价+(USD50~USD100)	>承运商报价+USD100	=承运商报价	<承运商报价	2.5	

（续上表）

标准评分项目	10 分	8 分	6 分	0 分	权重	得分
附加费	列明 ORC、AMS、DOC、BAF 及费用标准	仅列 ORC、AMS、DOC、BAF 名称	无附加费明细	未指出	1	
其他	如果提醒客户时间安排、指明费用不确定性因素等，视情况加 1 ~5 分				0.5	
合计						

说明：（1）有效承运商指在船期、航线方面满足要求的承运商；

（2）任何一项如有得 0 分者，不可承担业务；

（3）总分最高者为最终受理业务者。

六、专项能力训练法与综合能力训练法

物流预备技师的培养应将学生的能力培养放在第一位，即树立学生能力本位的教学理念，在突出培养学生专业专项技能的同时，着重培养其作为物流预备技师人才的职业综合能力。能力本位教育作为一种职业教育理念，与传统的学科本位或知识本位教育有较大区别，它打破了原有课程的学科性、系统性、完整性，强调对学生解决实际问题的能力及职业综合能力的培养。

（一）专项能力训练法

1. 专项能力的内涵

根据对物流预备技师的职业能力分析，物流预备技师的专项能力最终应达到能胜任物流技师岗位的业务操作及管理。每项专项能力又可分为若干子项，如计算能力，要会计算物流成本（如运输、仓库、配送费用）、物流设备的作业能力和作业效率、物流作业里程或周期等。同时，物流活动包含运输、仓储、配送等多个作业环节，每个环节都有不同的专项能力要求。下面以运输业务操作、仓储与配送和物流信息处理的专项能力要求为例加以说明。

（1）运输业务操作的专项能力要求：①掌握运输企业岗位所需的业务知识、基本技能，并具有初步的经验；②具有一定的组织运输作业的能

力；③能确定运输线路并审核运价，了解运输保险、理赔的程序；④具有安排和监管现场货物装卸搬运和执行特殊货物装卸搬运与运输的能力；⑤具有填制、识读、制作和修改运输单证的能力；⑥能根据集装箱运输与多式联运的组织形式进行操作；⑦能正确进行国内货物、国际货物代理作业。

（2）仓储与配送业务的专项能力要求：①了解仓储与配送的基本流程，形成对仓储与配送作业的整体认识，掌握物流中心功能区域以及物流作业线的相关知识；②掌握仓储与配送所使用的存储、搬运、运输等工具的相关知识，具有合理选择存储设备以及配送设备的能力；③具有仓储货品进、出、存等相关作业流程的计划及实施能力；④具有安全库存设置、返品处理和流通加工等相关作业能力；⑤能使用装卸搬运设备、计量设备、保管设备、养护检验设备、消防设备及监控设备；⑥具有根据配送计划进行分拣作业、配载作业、送货作业的能力；⑦具有一般的仓储设备的维护能力。

（3）物流信息处理业务的专项能力要求：①熟知物流信息系统的架构和功能，具有操作和运用仓储、配送、运输、货代、订货等物流软件的能力；②初步具备使用条形码技术、POS 系统、RF 技术、EDI 技术等进行信息处理的能力；③能进行局域网的简单维护，能熟练操作相关网络软件；④具有计算机维护与操作能力、外部设备的操作和简易维护能力；⑤能运用常用方法进行数据采集和数据库物流信息的编码。

2. 专项能力训练的方法

专项能力的训练主要还是通过项目课程教学实施来完成的。在确定每门课程的课程目标时，即确定了在这门课程中需要培养学生的哪些专项能力，以及通过选择什么课程内容，设置哪些教学环节，采用哪种教学方法来完成这一目标。因此，所有的课程设置都是为了培养必要的职业能力。

完成项目课程的职业能力分析后，再精心设计每个项目和项目任务，学生通过完成各项任务，获得相应的专业能力。如对于学生外贸单证制作能力的培养，我们就要让学生知道单证的类型和作用，看懂单证基本信息，会根据业务情景填制单证信息，知道各单证的流转程序。为此，在教学中可以设置多个外贸单证类型的训练项目，如外贸信用证、发票、装箱单、海运提单、报关单等，给出业务情境，让学生选择合适的单证类型并填制每个单证的信息，以此强化学生对外贸单证制作、单证流转的实际操作和应用技能，为成为物流预备技师的学生将来从事外贸单证工作奠定基础。

除日常教学培养外，对专项能力的培养还可以采取开展技能俱乐部或技能竞赛训练的方式，以知识和实践技能设计或竞赛活动为主要内容，让学生积极参加各种专项技能大赛，如全国大学生条码自动识别知识竞赛、物流职业技能单证大赛、物流职业技能装箱大赛等。这些比赛能使学生在技能俱乐部训练过程中得到老师的现场指导和实际锻炼，受到较系统的专项技能训练；同时，参加这些大赛不仅锻炼了学生的心理素质、适应能力和应变能力，还可以让学生了解自己与其他参赛者的能力差距。

职业资格鉴定在专项技能训练和综合技能训练中起着承上启下的作用。因此，要将职业资格证书考试的内容融入专项能力训练中，对照物流员、助理物流师、物流预备技师职业能力标准，突出各项技能的强化训练以及综合技能应用的系统训练，开展职业技能的培训、考核与鉴定。

（二）综合能力训练法

1. 综合能力的内涵

物流预备技师作为社会和企业的高技能人才，其综合能力应包括：管理能力（沟通交流与团队合作、指导与培训、组织协调与管理等）、专业能力（业务操作技能、方案诊断技能、业务组织技能、业务决策等）、创新能力（业务创新、管理创新、学习创新等）和解决问题的能力（包括对突发事件、业务难题的处理等）。

2. 综合能力训练的方法

综合能力的训练可以通过综合实训和企业项目实践等方式完成。综合实训是学生在已完成专业基础课和一定专业方向性课程学习的基础上，根据专业教师设计的实训项目，在教师指导下集中一段时间进行的综合训练项目。综合实训不仅涉及专业知识的“点”，而且涉及专业知识的“面”，可以充分发挥学生的自主创新能力，让学生体验到未来工作岗位的主要环节，为学生今后继续学习或就业打下良好的理论基础并积累一定的行业工作经验，进一步提升学生的专业素质和分析问题、解决问题的综合能力。如企业管理沙盘推演和物流电子沙盘推演，就能将学生在校几年所学到的知识和技能融会贯通并整合运用，为成为物流预备技师的学生进入企业技师工作站工作做好实战准备。企业项目实践则是物流预备技师培养的重要方式之一，其具体做法将在本书第五章中进行详细阐述。

七、物流预备技师综合实训案例——物流经营管理沙盘实训

案例 5　物流经营管理沙盘实训

一、课程意义

学生能通过物流经营管理沙盘模拟系统模拟真实环境中的角色，了解物流各个环节的操作与管理，掌握物流信息的基本流程，了解各物流经营管理岗位所需要的技能，掌握物流设备的原理与基本操作。通过实践与理论的结合，深化学生对现代物流理论的理解，培养学生的物流管理水平和操作能力。通过模拟物流企业经营过程中的主要物流环节，训练提高物流管理人员的分析、决策以及执行能力，提高学生在物流企业经营管理方面的综合能力。

二、课程目标

（1）培养学生严谨周密的思维方式及整体运营的全局观；

（2）培养学生团队合作和协调能力；

（3）培养学生战略分析规划能力与决策能力；

（4）培养学生对物流服务质量的持续改进能力；

（5）培养学生运输与配送管理能力；

（6）培养学生仓储与库存管理能力；

（7）培养学生客户服务与订单处理管理能力；

（8）培养学生财务管理与成本控制能力。

三、课程实施设计

（一）指导思路

（1）体验。“在快乐中学习”，体验本身就是一种价值。

（2）认识。“在参与中学习”，由转变认知模式到转变态度，再到改善行为。

（3）反思。“在错误中学习”，发现优势和不足，及时调整方向和速度。

（4）应用。“练中学，学后用”，保持培训后“长期保存效果”。

（二）学习方法

（1）通过虚拟企业环境熟悉沙盘规则和软件操作；

（2）懂得企业经营的基本道理，学会用知识规避风险；

(3) 灵活运用知识应对市场的变化；

(4) 数据分析和点评。

(三) 措施与方法

1. 问题树（Issue Tree，如图4-4所示）是解决问题最有效的办法

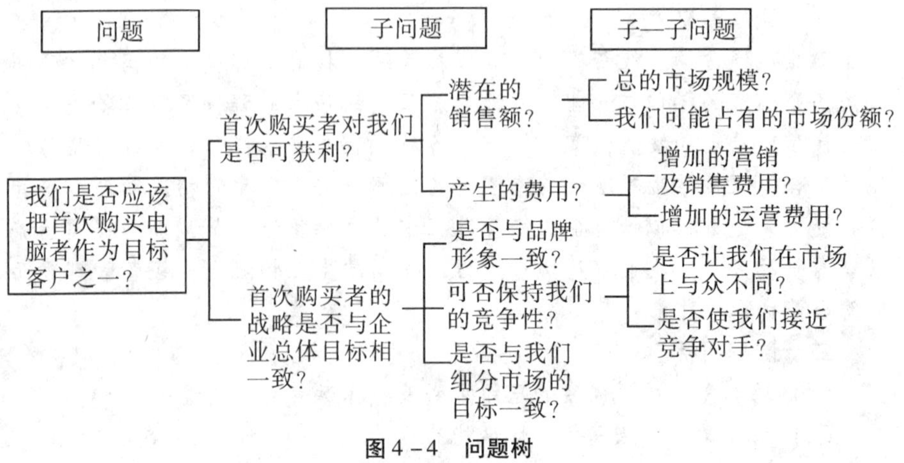

图4-4 问题树

2. 如何取得订单——成本控制策略（如图4-5所示）

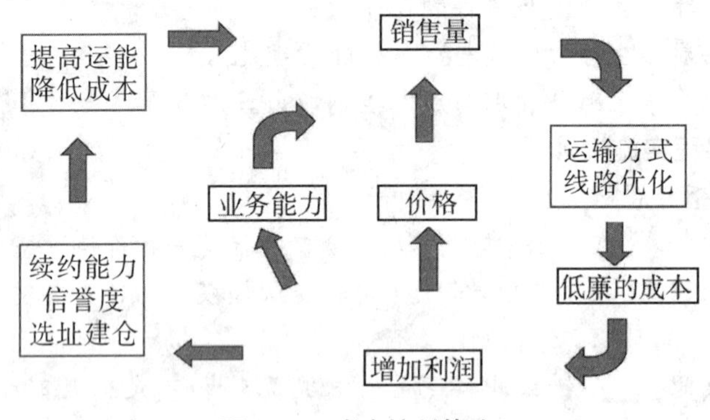

图4-5 成本控制策略

3. 团队合作及管理方法——孔茨判断法

(1) 技术能力。它是指在业务方面知识掌握的熟练程度。

(2) 人事能力。它是指同员工共事的能力，是组织、协作、配合以及

创造一种能使其员工安心工作，并自由发表意见的环境的能力。

(3) 规划决策能力。它是指遇到问题能从大处着眼，认清形势，统筹规划，并果断地作出正确决策的能力。

(4) 认识问题、分析问题与解决问题的能力。

4. 经营规划方法——用数字说话

(1) 明确问题。

企业想进入哪些市场?

企业想购买什么样的运输工具?

企业想如何规划自己的运输线路?

企业是否需要进行ISO认证?

企业的融资策略是什么?

企业今年的市场投标策略是什么?

(2) 基本工作思路。

确认产品。

分析市场。

量化目标。

筹资规模。

筹资方案。

预算控制。

目标运作。

目标评价。

财务运作。

(3) 企业经营决策方法。

对企业战略和主要成功因素有清晰了解。

用战略的眼光看待业务的决策和运营。

用策略方法改进公司创造价值的能力。

能找到跟踪企业运行状况的“仪表盘”。

把握适时调整企业方向的“驾驶技能”。

四、课程内容

(一) 企业经营策略

生存之道：如何避免资不抵债、现金断流。

发展策略：更大市场、更高运能、更强业务能力。

盈利方法：

开源：

(1) 扩大现有市场，开拓新市场。

(2) 进行企业 ISO9000 和 ISO14000 认证，提升企业竞争力。

(3) 合理选址建仓，扩建或改造仓储、运输设施，提高运输能力。

(4) 扩建或者改造办事处，招聘业务能力强的业务经理，提升企业信誉度，不断提升企业的竞标能力。

(5) 分析市场与竞争对手，进行合理投标，获得需要的订单或者提升企业的续约能力。

节流：

(1) 控制运输成本，尽量降低燃油费、装卸费、运输工具折旧费、租赁费等。选择合适的运输方式，如进行线路优化，联合运输，采取多式联运、中转、配货、拼车等手段。

(2) 提高仓库利用效率，降低仓储成本。

(3) 合理的投标报价。

(4) 分析市场与竞争对手，尽量实现差异化竞争，寻找利润空间更大的市场。

(5) 合理的融资策略，降低财务成本。

(二) 市场策略研究

1. 营销工作流程（如图 4-6 所示）

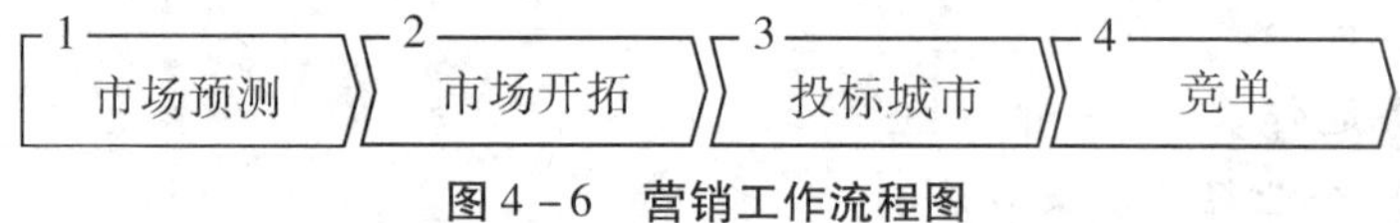

图 4-6 营销工作流程图

2. 看懂市场预测模型，学会市场分析与开拓（如图4－7所示）

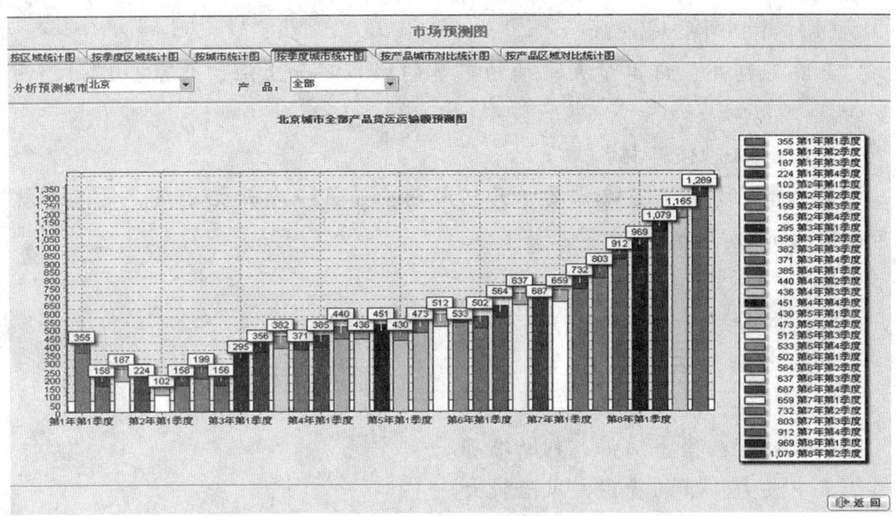

图4－7 市场预测图

3. 开放城市（如表4－25所示）

表4－25 开放城市

年限	开放城市							
	北京市	华东区	华南区	华中区	华北区	西南区	西北区	东北区
第1年第1季度	北京							
第1年第2季度		上海		郑州	天津			
第1年第3季度		济南		南昌	石家庄			
第1年第4季度		杭州		长沙	太原			
第2年第1季度		南京		武汉	呼和浩特			
第2年第2季度		合肥	广州			重庆	兰州	
第2年第3季度			福州			成都	西安	
第2年第4季度			南宁			昆明	西宁	
第3年第1季度			全开放			全开放	全开放	全开放

4. 市场开拓决策

（1） 开拓哪些城市？

开拓毛利高、订单量大、续约单多的城市。如上海、北京、广州、西安等。

（2） 什么时候开拓？

考虑市场分析、策略需要、开拓周期。如第一季开拓华东，第二季就可以建上海办事处。

（3） 投资预算。

考虑财务（资金、权益）、竞争对手情况等。

（4） 市场开拓策略。

全面开发：灵活全面、投入较大。

错位经营：事半功倍、判断准确。

集中火力：节约费用、风险较大。

（5） 市场策略——三四矩阵（如图4－8所示）。

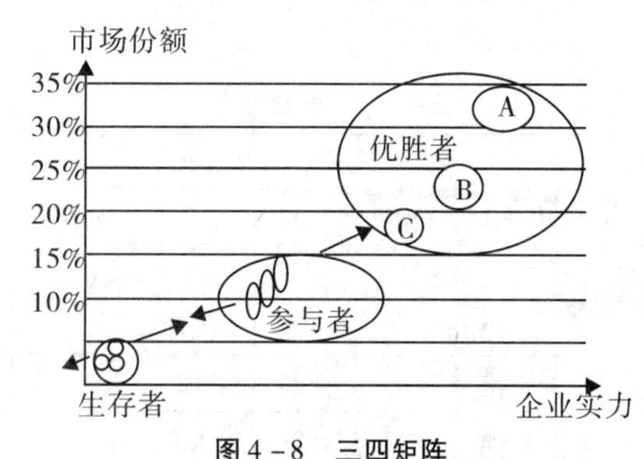

图4－8 三四矩阵

“三四矩阵”是由波士顿咨询集团提出的，用于分析一个成熟市场中企业的竞争地位的方法。

在一个稳定的竞争市场中，市场竞争的参与者一般分为三类：优胜者、参与者和生存者。优胜者一般是指市场占有率在15%以上，可以对市场变化产生重大影响的企业，如在价格、产量等方面占优势；参与者一般是指市场占有率介于5%～15%之间的企业，这些企业虽然不能对市场产生重大的影响，但是它们是市场竞争的有效参与者；生存者一般是局部细分市场的填补者，这些企业的市场份额都非常低，通常小于5%。

在有影响力的优胜者之中，企业的数量绝对不会超过3个，而在这3个企业之中，最有实力的竞争者的市场份额又不会超过最小者的4倍。这种情况是由下面两个条件决定的：

首先，在任何两个竞争者之间，2∶1的市场份额似乎是一个均衡点。在这个均衡点上，无论哪个竞争者要增加或减少市场份额，都显得不切实际而且得不偿失。这是一个通过观察得出的经验性结论。

其次，企业市场份额小于最大竞争者的1/2，就不可能有效参与竞争。这也是经验性结论，从经验曲线的关系中不难推断出来。

通常，上述两个条件最终导致这样的市场份额序列：每个竞争者的市场份额都是紧随其后的竞争者的1.5倍，而最小的竞争者的市场份额不会小于最大者的1/4。

“三四矩阵”只是从经验中得出的一种假设，它并没有经过严格的论证。但是这个规则的意义非常重要，那就是：在经验曲线的效应下，成本是市场份额的函数。倘若两个竞争者拥有几乎相同的市场份额，那么，谁能提高相对市场份额，谁就能同时取得在产量和成本两个方面的增长；与所付出的代价相比，得到的可能会更多。但是对市场竞争的优胜者而言，可能得到的好处却反而少了。然而在任何优势竞争者的激烈争夺情况下，最有可能受到伤害的却往往是市场中最弱的生存者。

（三）物流规划及运营方法研究

1. 工作流程（如图4-9所示）

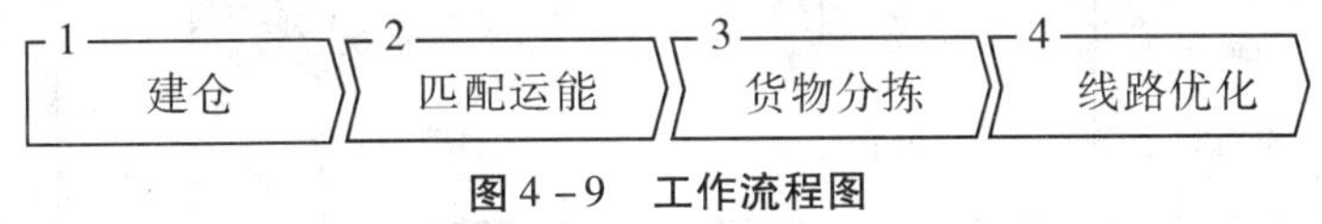

图4-9　工作流程图

2. 仓储配送运营管理

提高效率。

节省成本。

选址。

库存周转率（用时间换空间）。

3. 物流运营管理决策思路

仓库大小与多少。

订单交付限期、运输能力。

运输调度计划（如表4－26所示）。

表4－26　运输调度计划

	周期											
	1	2	3	4	5	6	7	8	9	10	11	12
订单号				D8		D4/D6	D2	D7/D9	D1/D10	D5		D3
运量				10＋		5＋10	1＋	20＋10	1＋15	10＋		1＋
体积				6＋		10＋20	1＋	10＋20	1＋10	20＋		1＋
最迟发车周		D8		D4/D6	D2	D7/D9	D1/D10	D5		D12		
最快返程周	A				A				A			
最少载货量	25				57				1			
最少载货体积	35				62				1			
调整计划，订单	＋D6				＋D6－D12							
调整计划，重量	35				48							
调整计划，体积	55				43							

4. 运输管理思路（如图4－10、4－11所示）

选择合理运输工具。

多种运输方式：多订单配载、往返、联合、中转、配货、拼车。

优化运输线路。

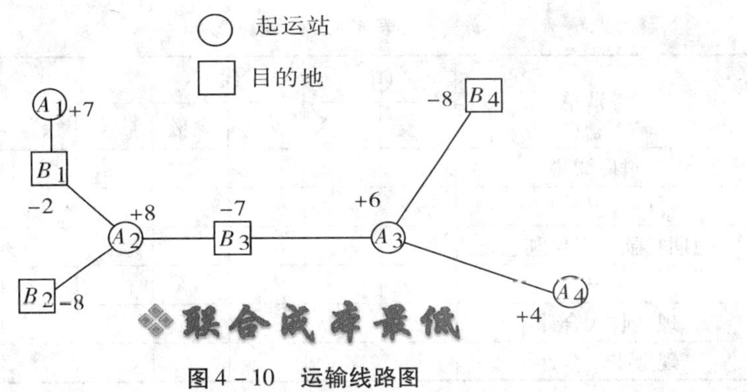

图 4－10　运输线路图

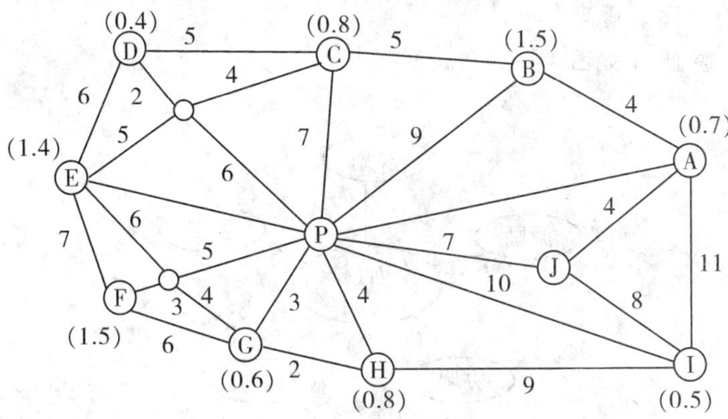

图 4－11　配送中心的配送网络图

(四) 物流成本控制方法研究

1. 物流财务工作流程（如图 4－12 所示）

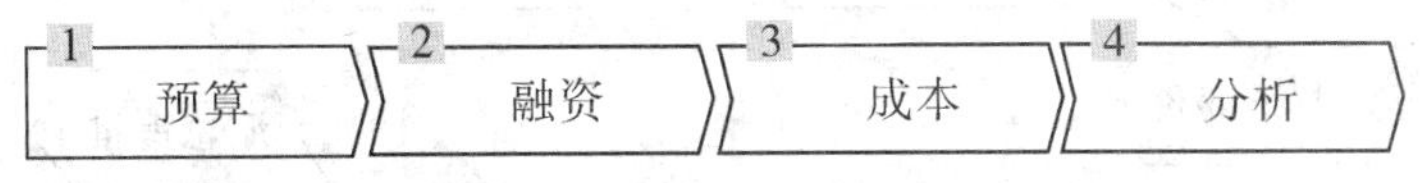

图 4－12　物流财务工作流程图

2. 预算方法

(1) 明确问题。有多少？收多少？支多少？缺多少？

(2) 预算表项目（如表 4－27 所示）。

表 4－27　预算表

任务清单	Q1		Q2		Q3		Q4	
	收支	余额	收支	余额	收支	余额	收支	余额
支付应缴税								
广告投入								
短期贷款、支付利息								
……								
现金收入合计								
现金支出合计								

3. 全面预算管理

（1）功能（如图 4－13 所示）。

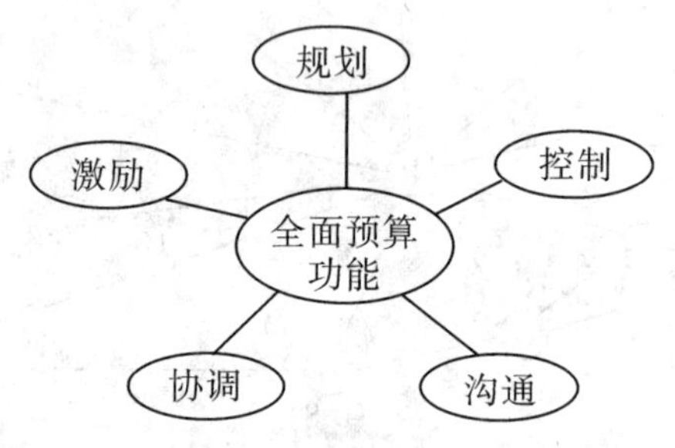

图 4－13　全面预算功能图

（2）流程（如图 4－14 所示）。

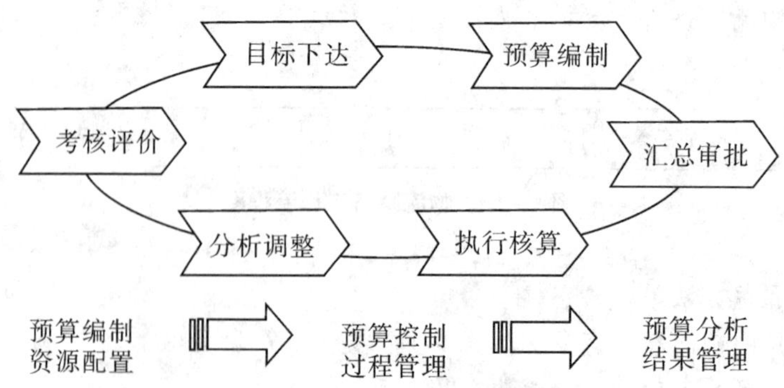

图 4－14　全面预算流程图

(3) 作用（如图4－15所示）。

多层次——战略规划、业务计划、财务预算
多部门——销售部、营运部、采购部、行政部
多类型——收入预算、费用预算、利润预算
全过程——预算编制、预算控制、预算分析

图4－15　预算作用图

4. 物流成本控制方法——戴明循环（如图4－16所示）

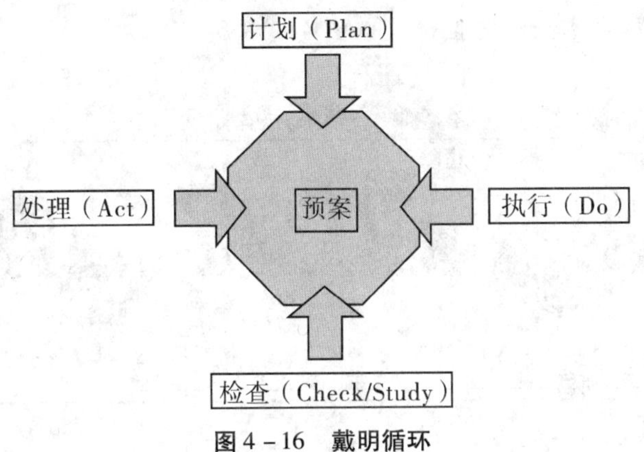

图4－16　戴明循环

5. 融资策略

(1) 面临的问题：贷什么？贷多少？什么时候贷？

(2) 可供选择的融资工具：短贷、长贷、民间融资、贴现。

(3) 融资决策思路。

融资工具应用：短贷用于流动资产，长贷用于固定资产。

融资时间：短贷用于本季度，长贷用于下一年。

融资数量：支出—收入。

6. 成本分析方法

(1) 量本利分析（如图4－17所示）。

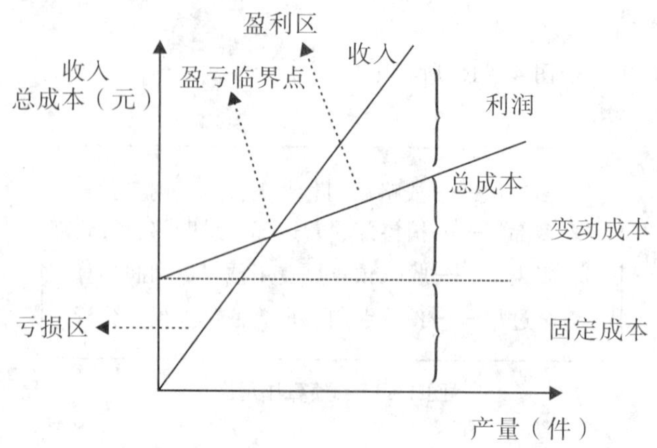

图 4－17　量本利分析

（2）运输成本分析与控制（如图 4－18 所示）。

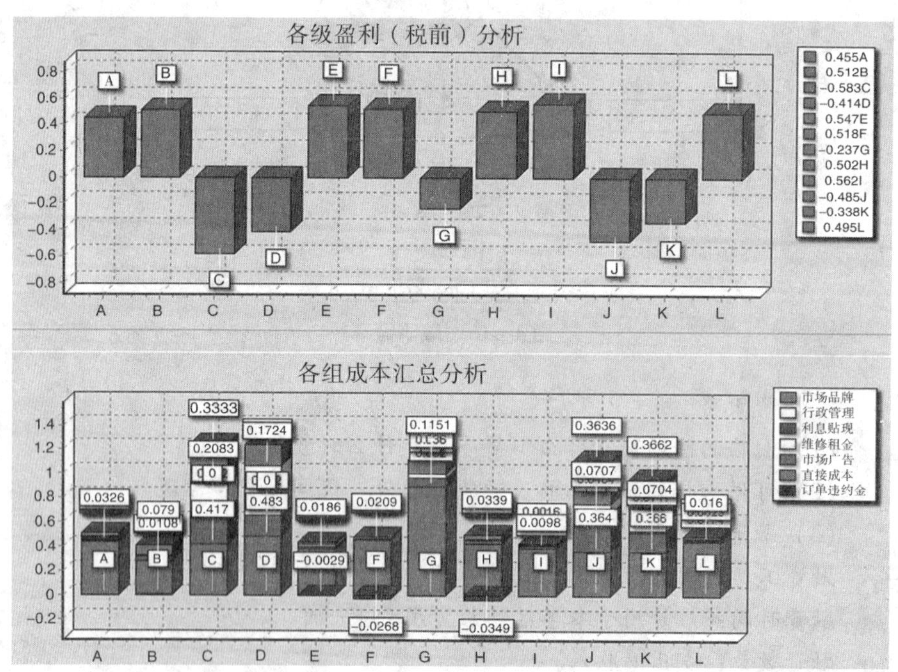

图 4－18　运输成本分析与控制

五、难点和重点问题研究

1. 市场决策能力

战略与战术相结合。学生既要进行时间周期长、节点多的企业整体运营的战略谋划，也要进行各个物流环节的战术制定。

2. 执行能力

模拟经营的结果不仅取决于决策的制定，还取决于决策的执行。

3. 物流分析能力

该沙盘引入多种物流管理工具，既有定性分析，又有定量分析，可以提升学员的系统思维能力。

4. 团队合作能力

该沙盘强调团队成员之间的配合与衔接。不同物流职能的协调与衔接是取得经营成功的前提条件。

5. 物流成本控制能力

物流成本的权衡与控制贯穿于沙盘演练的始终，模拟企业时时都面临着成本控制与客户服务的双重压力。

六、教学组织与实施

（一）实训室规划（如图4－19所示）

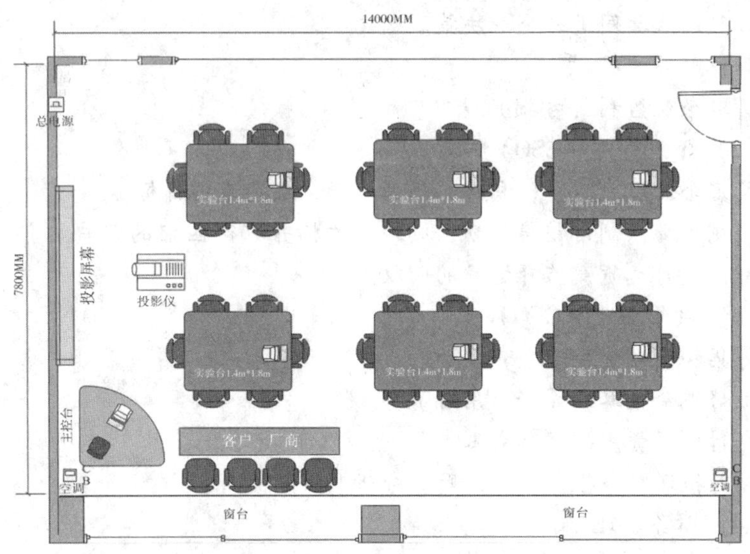

图4－19　沙盘教室平面图

（二）实训组织方法

（1）把学生分成若干个团队，每个团队各自经营一个虚拟物流公司，每个团队由4～8人组成，每队成员将分别担任公司中的重要职位：CEO、CFO、CSO、COO。

（2）每个公司以第三方物流企业经营环境为背景，每个公司拥有100万的启动资金，在同一市场环境、同样规则下相互竞争与发展。

（3）连续经营数个会计年度，由于各组学生决策不一样，每年的经营结果也就不一样，有的企业越做越好，有的企业可能面临破产。老师根据学生经营的结果，每年进行点评和分析。

物流沙盘由物理沙盘和电子沙盘组成。通过物理沙盘模拟训练，学生可增强感性认识；通过电子沙盘训练，学生可控制经营过程并理性分析经营结果。

（三）实训流程

1. 公司组建

每个班分为8～12组，每组4～8人，每个组成立一个公司。

2. 成员及职能定位

（1）首席执行官（CEO）。

制定企业发展战略规划。

带领团队共同进行企业决策。

审核财务状况。

听取企业盈利（亏损）状况。

（2）营销总监（CSO）。

稳定企业现有市场，积极拓展新市场，确定市场目标。

预测市场，制订销售计划，续约、竞标并取得匹配的客户订单，沟通营运部门按时交货，监督运费的回收。

（3）财务总监（CFO）。

筹集和管理资金。

做好现金预算，管好、用好资金。

支付各项费用，核算成本。

按时报送财务报表，做好财务分析。

（4）财务助理。

日常现金收支管理。

定期审核企业经营状况。

核算企业经营成果。

确定预算。

对成本数据进行分类和分析。

(5) 营运总监（COO）。

计划的制订者和决策者，营运过程的监控者。

负责企业营运管理工作。

协调运输调度，控制运输成本。

保持运输正常运行，及时交货。

组织选址建仓，扩大企业运输能力。

组织扩充改进运输工具。

(6) 调度经理。

编制并实施提货装车计划。

车辆管理。

合理选择并优化线路。

制订合适的配货装车计划。

随时跟踪监控运输过程。

保证货物及时送达。

(7) 仓储经理。

货物的出入库管理。

库存盘点管理。

货物分拣。

货物调拨。

订单的合并、拆分。

3. 公司管理团队确定

(1) 确定最佳团队组合，选出 CEO。

(2) 给公司命名，制定公司经营理念和目标。

4. 制订推演方案

(1) 经营策略制定。

(2) 市场分析及开拓计划。

(3) 物流网络规划方案。

(4) 市场竞争策略。

(5) 运输方案制订。

(6) 仓储方案制订。

（7）配载方案制订。

（8）财务预算编制。

5. 方案实施

通过物流沙盘模拟经营系统实施，共推演3年。

6. 总结及反思

7. 撰写分析报告

七、评价方法

（一）得分计算方法

各组得分=权益×（1+总分/100）×自己拥有股份百分比

（二）总分计算原则

（1）开发完成的市场：西北区加10分，西南区加10分，东北区加10分，华北区加10分，华南区加10分，华东区加10分，华中区加10分。

（2）开发完成的ISO认证：ISO9000加10分，ISO14000加20分。

（3）季末拥有的办事处（租赁或购买办公室，当年建设不得分）：每在一个城市设立办事处加10分。

（4）在经营时间控制下，每超时1分钟扣10分（每季度超时时间累计）。

（5）未借高利贷加20分，未贴现加20分。

（三）研究报告撰写

1. 内容：物流沙盘综合实训

（1）介绍模拟公司名称、实训工作岗位、组员等；

（2）模拟企业经营的内容简介；

（3）在实训过程中的收获与体会；

（4）实训的表格资料。

2. 格式

（1）报告统一用A4纸，注明页码。

（2）文章题目用2号宋体加粗，大标题用小2号宋体加粗，正文用3号仿宋GB2312体。

（3）页眉注明“深高技商务系综合实训总结报告　成员”，字体为4号华文行楷。

（4）正文内容用“一”、“（一）”、“1”、“（1）”等标题级进行层次划分。

（5）实训总结报告字数不少于1 000字。

（6）报告分电子版和打印版两种，打印版（数据表格装订）提交至指导教师处，电子版统一发送至教师邮箱。

（四）综合评价表（如表4－28所示）

表4－28　综合评价表

组别	企业经营排名（30%）	经营活动记录齐全（20%）	按时上交报表和决策方案，遵守运作规则（20%）	经营分析报告（30%）	小组分数
A					
B					
C					
D					
E					
F					

第五节　实训系统建设

物流预备技师培养的实训系统是实现物流预备技师培养目标，对学生进行专业岗位技能训练和技能鉴定的主要工具，也是整个实践教学环节的重要平台，在学生实践操作技能的培养上起着重要的作用。实训系统建设对加强学生对专业知识的理解，提高学生的操作能力和加强学生技能训练有着重要意义。

实训系统的建设包括：规划和建设良好的实训场地，配备和安装适用的实训设备和软件，开发齐全和有针对性的系统功能，科学和规范地使用与管理实训室。实训室的建设，特别是物流专业能力实训室的建设要尽可能与物流企业生产、管理、服务第一线的要求相一致，形成真实或仿真的职业环境，在课程教学和实践训练中能达到物流预备技师职业能力培养的基本要求。

一、商务基础能力实训系统

根据对物流预备技师职业能力的分析，为支持其商务基础能力的训练，培养复合型高技能人才，物流预备技师培养设有计算机应用实训室、ERP体验中心、形体训练实训室、市场营销实训室、电子商务实训室、商务洽谈实训室、商务单证制作实训室、会计操作实训室等。这为开展一体化教学和技能训练提供了可靠保障。

二、物流专业能力实训系统

根据对物流预备技师职业能力的分析，为支持其专业能力的发展，物流预备技师培养实训项目包括“基于 RFID 的摘取式电子标签分拣系统”、“生产物流系统”、“智能仓储系统”、“语音拣货系统”、“快递管理实训系统”、“零售物流实训管理系统”、“电子商务与物流管理系统”、“物联网物流供应链综合管理系统”、“国际货代系统”、“配送与仓储管理系统”、“运输管理系统”、“物流综合业务运营系统”等。实训设备均配有相应的软件支持，包括保税仓管理、公用仓库管理、码头作业管理、货代管理、物流园区管理、零售物流管理、船务管理、运输管理、电子商务等物流系列软件，做到了软硬件集成使用。

另外，在有效利用学校资源的情况下，我们将虚拟软件和实际场景相结合，充分利用现代计算机技术发展的成果，建立了紧密结合现代物流发展趋势的 3D 仿真模拟物流实训室，能够通过计算机网络教学来模拟实际的工作场景和业务流程。

表 4－29　物流预备技师实训室功能

序号	名称	功能
1	货代业务操作实训室	本实训室提供集装箱多式联运及保税仓储仿真、国际货运代理、仿真 H2000 纸制报关单（预录入）流程、模拟电子口岸报关实训、报检流程实训等实训内容
2	采购操作及供应物流实训室	本实训室提供采购作业流程规划设计、采购任务分析、采购计划制订、商务谈判、合同签订、采购单据填制、采购成本核算、库存计划及管理、供应商绩效考评、采购绩效考评、物流单据填制及存档管理、采购战略规划、MRP 及原材料库存管理、原材料领用及发料管理、原材料采购 QC 工作中心等实训内容

（续上表）

序号	名称	功能
3	港口与船务业务实训室	本实训室提供集装箱和散杂货进出口业务及其流程、集装箱码头的箱务管理技能、集装箱码头检查口业务流程、集装箱码头货运站业务、集装箱码头主要业务流程、船舶进出港业务知识和技能等实训内容
4	物流中心布局规划实训室	本实训室提供物流中心整体规划设计、物流中心办公区域设计、物流中心功能区域设计、操作场地规划设计、搬运线路设计、仓库规划设计、分拣设计、配送中心设计、快递操作场地规划设计、快递查验场地设计、快递网点场地规划设计、装卸场地（平台）设计、货物堆场设计、物料保管场地设计、作业流程规划设计、作业标准设计、现场可视化管理方案设计、生产物流规划设计等实训内容
5	运输业务实训室	本实训室提供铁路及公路的运输线路设计、运输车辆调度、运输业务单据缮制与流转、运输装载作业（装车、装机、装集装箱等）、运输业务报价、运输业务组织、运输方案设计与诊断、运输业务系统应用等实训内容
6	物流信息系统综合实训　室	本实训室提供物保税仓管理、公用仓库管理、码头作业管理、货代管理、物流园区管理、零售物流管理、船务管理、运输管理、电子商务等物流系列软件操作
7	国际贸易单证实训室	本实训室提供国际贸易进出口单证实操、货代进出口单证实训操作
8	RFID 实训室	本实训室提供 RFID 无线射频进出库实操、电子拣选货物、快递分拣、快递包装、货物分拣等实训内容
9	仓储与配送实训　室	本实训室提供叉车、手动搬运车、堆高机、打包机实操，物流配送中心进出库中转模拟实操，零售物流配送模拟实操等实训内容

三、物流综合能力实训系统

为了达到物流预备技师综合能力的培养要求，我们专门建设了包括物联网下的供应链管理实训室、物流企业运营模拟沙盘实训室和物流与电子商务实训室等物流综合能力实训室（如表4-30所示）。

表4-30 物流预备技师综合能力实训室功能

序号	实训室名称	实训室功能
1	物联网下的供应链管理实训室	原材料仓储管理实训、生产加工物流管理实训、智能仓储实训、快递模拟实训、立体仓及智能分拣实训、超市物流管理实训、物联网物流控制实训
2	物流企业运营模拟沙盘实训室	物流沙盘模拟经营管理、市场竞争、招投标、物流运营方案制定、财务核算、经营分析等

四、物流专业综合实训项目开发案例——物联网物流供应链管理实训系统开发

案例6 物联网物流供应链管理实训系统开发

随着物流行业的快速发展，解决供应链中商品流通安全性，信息传递及时性、准确性的问题日益紧迫，而对物流供应链运作的全过程进行有效、及时的监控是关键所在。因此，物联网技术在物流供应链管理中提供了新的可能，并在物流管理中得到了越来越广泛的应用。

物联网是通过射频识别技术（RFID）、红外感应器、全球定位系统、激光扫描器等信息传感设备，按约定的协议，把任何物品与互联网相连接，进行信息交换和通信，以实现对物品的智能化识别、定位、跟踪、监控和管理的一种网络。在供应链中，利用物联网技术获取商品标识信息，从而通过识别商品对供应链进行实时跟踪，实现物流供应链管理的智能化。

为了适应物流行业的发展，大专院校在物流专业实验教学中迫切需要物联网物流供应链的实训系统作为教学平台。为此我们展开了项目的研究

与设计工作，成功建立了我国院校首家物联网物流供应链管理实训系统，并被教育部和中央财政列为物流职业教育实验教学基地。

一、系统的开发原则及目标

根据物联网供应链实训系统建设要求，此次物流实训项目建设遵循“先进适用、受益面广、结合实际、控制成本”的原则，在全国同类院校应具有一定的先进性和示范性，能够满足教学及部分科研需要。

该系统开发的出发点是满足学校物流相关专业的实训教学要求和科研需求，运用物联网技术实现物流供应链内容的互联，从物流供应链管理的需求出发进行系统软件与硬件一体化平台搭建，将现代管理技术、自动化技术、系统工程技术及现代信息技术有机结合，构建一个高水平、现代化、智能化、自动化的物流供应链管理的教科研综合平台。该系统以模拟物联网物流供应链流程为基础，以提高物流供应链管理效率研究和训练为核心，结合智能信息相关技术，包括条码技术、电子标签技术、RFID技术、信息采集技术、自动化控制系统等物流硬件和软件技术，以核心的物流活动和标准的物流业务流程为重点，以物流信息管理系统为平台，以物流设备为依托，并以配套的课程为保证，实现真实的人机交互作业。以物流供应链整个业务流程为核心基础，以供应链管理思想为指导，以先进的物流设备为实现手段，形成一个理论先进、技术领先的现代物流供应链管理研究与实训平台。该平台已实现客户订单接受、采购管理、物流中心管理、仓储管理、配送管理、财务结算管理、客户关系管理、基于Internet/Intranet的信息交互管理等物流核心环节，并结合物联网技术实现支持网上下订单、网上跟踪、网上查询以及核心系统考核功能，即系统根据实际发生的数据随机给出课题，并实时判断操作的完整性和课题完成情况，掌握学生实验效果，从宏观角度让学生掌握物流供应链各环节的运作，并通过该实训平台达到提高学生物流供应链管理实战水平的目标，实现物流教学与企业环境的有效衔接。

二、物联网物流供应链实训系统的总体架构

1. 系统整体功能

物联网物流供应链管理模拟训练系统整体功能：

（1）从用户角度。该实训系统主要包括用户管理、实验管理、实验报告、情景数据等功能，实现了对学生进行物流供应链管理实训的目的。

（2）从供应链角度。该实训系统主要包括订单管理、库存管理、入库管理、生产加工管理、成品包装运输、货物储存、成品分拣配送、电子商

务运营等功能，让学生模拟物流供应链各个环节的运作。

另外，该系统利用RFID技术并依托无线网络、物联网技术，实现了物流供应链实训系统的商品可全程追溯功能。在所有的生产销售环节中，商品都有一个“电子身份证”，即加贴RFID电子标签，并建立商品安全数据库，实现信息融合，并从商品原材料生产及生产加工环节开始加贴，实现全过程的商品查询和监控；包括运输、包装、分装、销售等流转过程中的全部信息，如生产加工企业、配送企业、销售平台、信息监控中心等都能通过电子标签在数据库中进行查询。该系统为每一个生产阶段以及分销到最终消费领域的过程提供针对每件货品安全性、商品成分来源及库存控制的合理决策，实现商品安全预警机制。

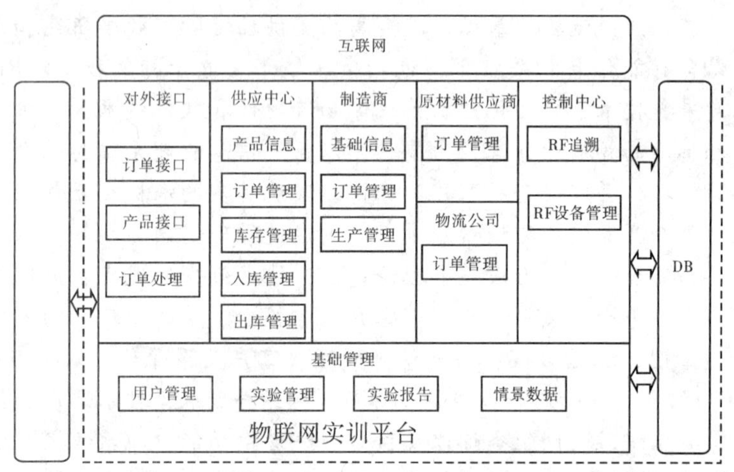

图4－20 物联网物流供应链管理模拟训练系统整体功能视图

2. 系统整体框架设计

本项目旨在通过软件与硬件的集成实现对物联网环境下物流供应链管理的真实模拟。该实训系统设计的整体框架为：原材料从供应链上游供应商采购入库，制造商生产加工、包装、打条码，成品入库管理，成品由零售商进行分销和销售、出货管理，再通过第三方物流企业自动智能分拣出库，成品运输到终端客户等供应链业务；客户订单通过电子商务进行监控，零售商处理客户订单、进行合同管理，制造商根据订单进行原材料采购、生产加工、成品入库管理；通过RFID技术在生产、加工、流通、消费各环节，全过程严格控制，建立一个完整的产业链的商品安全控制体系，形成各类商品企业生产销售的闭环。

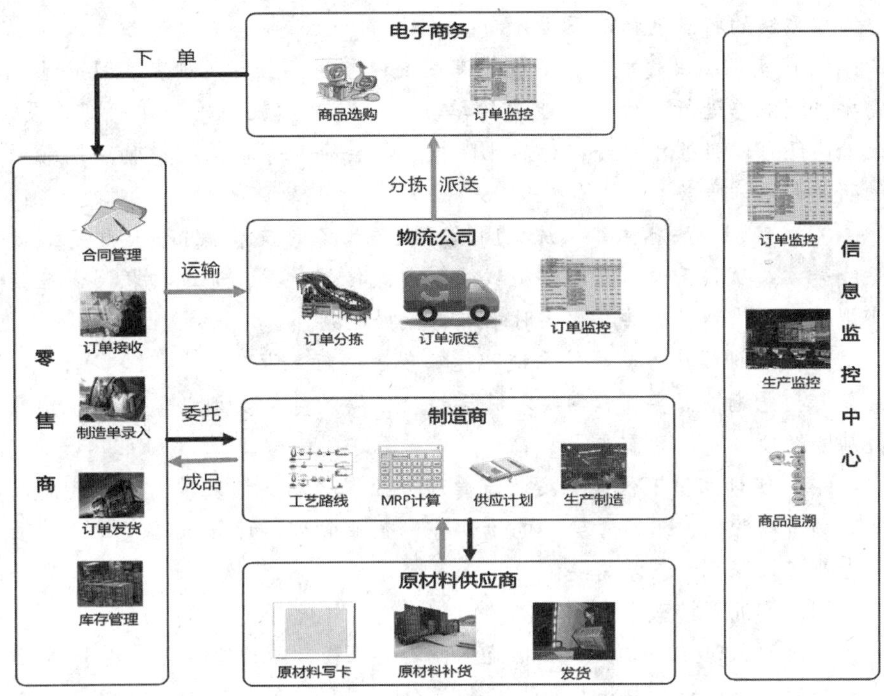

图 4－21　物联网物流应链管理整体框架图

该实训系统主要包括原材料供应商、制造商、零售商、物流公司、电子商务系统以及信息监控中心六大角色，教师可以根据课程需要设置场景和角色，供学生们参与实训。并且在系统各个环节中通过 RFID 技术对商品严格控制，可保证向社会提供优质商品，并可确保供应链的高质量数据交流，让学生们了解实施商品的源头追踪以及在商品供应链中提供完全透明化管理的能力。

三、系统的特点

实训系统设计中运用物流行业内领先的物流技术与设备，如物联网技术、自动化流水生产线、电子标签拣选系统、RFID 技术、无线条码等来完成普通物流实训的基本要求。在物流信息化技术上可以跨平台、跨地区使用；产品中用到了工作流、可视化监控。实训系统较好地体现了我国物流行业较为先进的作业模式和物流供应链管理方法，使物流教学与行业发展实现了有效的衔接，填补了我国高校物联网物流供应链管理研究与实训系统的空白。

该系统的特点包括以下几方面：

(1) 实训项目建成后，不仅能满足校内学生实验、实训和实习的基本需要，还能够进行学生创新能力的培养，同时兼顾教师的科学研究需要。此外，还可以服务于社会，为其他院校、社会企业等机构提供物联网领域的研究和培训服务。

(2) 实训模块各主体系统之间根据设施设备的技术要求，通过有线或无线等方式互联互通，并能以局域网等方式传递数据，通过物联网供应链实训平台，达到数据共享、实时跟踪、数据追溯。

(3) 实训模块各软硬件系统既能够单独运行，满足完成单项实训项目的需要，也能根据实训教学要求灵活组合，满足综合实训教学和物流预备技师专题项目研修的需要。

(4) 实训系统不仅能满足物流管理专业课程的实训教学需要，还能同时兼顾市场营销、工商管理、电子商务、企业管理、计算机信息管理等多个专业实训课程的教学需要。

四、实训系统教学应用简例

以我院2009级物流G5班物流综合实训课程教学为例：全班共37名学生，分为6个小组，每组分角色模拟运作，以供应链管理流程为主线，以流程结点相关业务处理为要点，直观形象地了解物联网技术在供应链管理中的运用和作用。

第一组：电子商务网站。

第二组：零售商。

第三组：制造商。

第四组：原材料供应商。

第五组：物流公司。

第六组：信息控制中心。

各小组有序地进行其负责的模块操作，完成一条供应链下所对应的业务操作过程，并不断交换供应链角色，使彼此对供应链上下游企业的所有运转流程熟练掌握。并在操作过程中，不断提出技术问题，研究问题并提出相应的解决办法。

第六节 课外技能训练

物流预备技师人才的培养除了要重视课堂教学质量以及技能学习外，还要开展各种丰富的课外实践活动，使之与日常课堂教学形成良好的互补关系。专业技能俱乐部和技能竞赛等活动便是最主要的课外实践途径。课堂外的技能指导与训练，也会促进课堂教学效果的提升。

一、技能俱乐部

（一）技能俱乐部的性质

技能俱乐部是以专业技能训练和技能竞赛项目为主要活动内容，以学生专业技能提升和综合素质培养为宗旨，以技能项目训练、技能交流与指导为主要形式的带有第二课堂性质的学生课外技能训练活动团体。

在物流预备技师培养的教学方式中，最主要的方式还是项目化教学。项目化教学的特点是以企业项目为载体，以学生为中心，让学生在完成工作任务的过程中学习并有所收获，所以仅靠课堂的几十分钟是远远不够的。在教学过程中，学生课前要搜集更多的准备资料，课后要巩固练习，进行迁移拓展和提升。因此，技能俱乐部活动的开展便成为课堂教学的延伸，对教学起到了很好的补充作用。

（二）主要技能俱乐部

目前，深圳技师学院在物流预备技师培养中已成立“物流沙盘”、“国际快件操作”、“仓储与配送”、“企业经营沙盘”等多个技能俱乐部。每一个俱乐部都秉承“学生自主训练为主，教师指导为辅”的原则开展活动，根据项目实操性强、互动性强、一体化性强的特点吸纳不同年级中的特长学生，灵活地组成各项目训练队。俱乐部所配备的国际快件实训室、仓储实训室、物流沙盘实训室均可高效地满足各专业技能项目的日常训练和集中竞赛，让学生在项目训练中学习、在项目训练中成长、在项目训练中寻求自我发展，从而有效塑造物流预备技师培养的专业特色，全面提高学生的动手能力。

1. 仓储与配送俱乐部

仓储与配送俱乐部全面培养学生的仓储配送操作能力，密切联系物流企业的仓储岗位，使训练与企业生产实践紧密结合。该俱乐部广泛采用新技术、新装备，如 RFID 技术、无线扫描设备等，使训练走在同行业的前沿，从而为学生到物流企业实习、就业打下良好基础。该俱乐部上半年开展训练，下半年举办现代化仓储与配送业务操作竞赛，参加的学生达到规定学时不仅可以获得课外学分，还可以提高对专业课程的学习兴趣。

2. 国际快件俱乐部

国际快件俱乐部全面培养学生的国际快件操作能力、快件英文运用能力，密切联系国际快递企业的操作岗位与客户服务岗位，使训练与企业生产实践实现无缝链接，为学生到国际快递企业实习、就业打下坚实基础。该俱乐部上半年开展训练，下半年举办快递岗位技能竞赛，参加的学生达到规定学时不仅可以获得课外学分，还可以提高对专业课程的学习兴趣。

3. 物流沙盘俱乐部

物流沙盘俱乐部全面培养学生的物流企业运营管理和决策能力，训练内容包括物流公司组建的程序、竞争策略、市场分析和广告竞标、业务决策和组织、财务核算和收益分析、人员配合等方面。该俱乐部上半年开展训练，下半年举办物流沙盘技能竞赛，参加的学生达到规定学时不仅可以获得课外学分，还可以提高对专业课程的学习兴趣。

（三）俱乐部的活动内容

（1）普及专业知识，开拓专业视野，聘请企业专家举行竞赛项目及新物流设备与技术等讲座和交流活动。

（2）开展校内外各级物流相关技能竞赛项目的参赛培训和组队参赛活动。

（3）开展国际快递企业、仓储企业、配送企业所需的业务流程和操作技能训练活动。

（4）建立与其他相关专业及院校的联系，进行校际技能竞赛交流与合作。

（5）组建技能科研小组，开展技能研究、学生作品展示、技能展示等活动。

通过以上多种形式的活动，让学生在技能训练中增强专业兴趣和信心，提高对专业的认识，激发他们“学技能、练技能、展技能”的良好意识。

（四）技能俱乐部的主要成绩

技能俱乐部的训练内容与国内外专业技能竞赛项目相结合，为强化技能训练提供了有力支撑。技能俱乐部的学生参加技能大赛取得了优异成绩。

（1）自 2007 年 9 月以来，参加国际快件技能俱乐部的学生累计达到 287 人，占物流预备技师学生总数的 85%。国际快件技能俱乐部学生在国际快件类赛事中取得了优秀成绩。在 2009 年广东省快递岗位技能大赛中，我院选手分别获得一、二、三等奖。

（2）自 2007 年 10 月以来，参加仓储与配送技能俱乐部的学生累计达到 282 人。仓储与配送技能俱乐部学生在国家、广东省仓储与配送类赛事中取得了优秀成绩，如我院选手获得了 2008 年全国大学生条形码大赛三等奖、2009 年全国仓储与配送广东省选拔赛一等奖、2010 年全国首届物流职业技能大赛（高职组）一等奖。

（3）自 2007 年 10 月以来，参加物流沙盘俱乐部的学生累计达到 212 人。物流沙盘俱乐部学生在国家、广东省物流沙盘类赛事中也取得了优秀成绩，如我院选手获得了 2009 年全国大学生物流经营管理沙盘大赛广东省选拔赛一等奖、2010 年全国大学生物流经营管理沙盘大赛二等奖。

二、技能竞赛

（一）物流竞赛内容

为了培养物流预备技师过硬的岗位操作技能，我们每年都定期举办物流技能竞赛。如果说技能俱乐部活动是学生日常训练的一种形式，那么技能竞赛便是对日常训练的一种检阅。或者说技能俱乐部是针对技能竞赛而开展的战前训练，它们都为学生在技能竞赛中取得优异成绩而发挥了重要作用。物流预备技师培养的技能竞赛项目主要有以下几种。

1. 仓储与配送技能大赛

物流职业技能大赛以物流预备技师人才的能力培养目标为基础，通过项目导向、任务驱动、设定作业岗位的模式，完成货物仓储、配送、信息操作等综合物流活动，检验选手的企业物流设计能力及进行采购、备货、配货、补货、电子拣选、货物交付、货物接受、出入库作业及货物优化等物流活动的操作能力，全面考核参赛选手的动手、思考、沟通能力，展示参赛选手的团队协作精神、计划组织能力，以及快速分析、成本计算、方案决策、表达能力等职业素养，整个比赛都是物流企业运作的实况再现。

2. 快递岗位技能竞赛

快递岗位技能竞赛是全国首个由省邮政行业职业技能鉴定中心主办的快递岗位技能大赛，为行业主管部门、快递企业及科研院校搭建了一个新的交流平台，也进一步宣传贯彻了《邮政法》及快递业务员国家职业技能的鉴定标准。竞赛分快件收取操作、快件分拣处理、快件客服处理、快件派送操作四个环节进行，全面考核学生胜任快递岗位的综合职业能力。

3. 物流沙盘经营竞赛

物流沙盘经营竞赛通过对真实第三方物流企业创业环境的逼真模拟，了解学生对在真实第三方物流企业创业过程中可能遇到的各种情况的经营决策，以及对出现的问题和运营结果进行分析与评估的能力，从而让学生对第三方物流企业创业有更真实的体验与更深刻的理解，帮助学生提升创业意识，掌握创业技能，增强择业、就业的能力。每个参赛队各自经营一个虚拟公司，每个虚拟公司模拟经营三年，每年经营四个季度，每个季度经营十二周。每周的主要工作包括派车提货、货物入库、货物分拣、运输调度、线路选择、货物到达、运费结算等。每个季度内参赛队伍都可以进行参加订单竞争、短期贷款/支付利息、更新应收/应付账款、运输工具购买/租赁、仓库购买/租赁、支付行政管理费、市场开拓、办公室购买/租赁、支付维修费、折旧、关账等活动。每年经营结束，物流企业经营沙盘模拟系统综合各项指标计算得分，衡量企业经营效果，全面考查学生对仓储与配送、物流营销、会计实务等课程的综合应用能力。

（二）开展物流技能竞赛的意义

1. 以技能竞赛为手段，实现教学改革的目的

开展技能竞赛有助于推动教学改革。技能竞赛就如一个风向标，竞赛中所体现的对选手能力和素质的要求，可以引导专业教学改革。技能竞赛一般是以项目和任务为载体，注重对学生根据实际工作任务和工作情境，利用已掌握的技能解决问题的能力的考察。这就要求我们在课程实施过程中，以项目或任务为载体来完善学生所需要的知识和技能。在教学中将理论和实践进行结合，让学生做到在“做中学，学中做”，提高学生解决实际问题的能力。技能竞赛重在对学生实践能力的考察，同时也需要学生有

一定的基础理论知识，这就要求职业院校在教学中注意理论与实践的比例，重视实践的同时也不能忽视理论的教学。此外，职业技能竞赛既考查选手的技能水平和应用技能解决问题的能力，又考查他们的身体素质和心理素质。这就要求在物流预备技师培养过程中既要注重对学生职业能力的培养，也要关注学生综合素质的提高。

2. 以技能竞赛为契机，实现提升教师教学能力的目的

竞赛成绩要从平时的教学抓起，而这与教师的教学理念、自身的技能水准和指导方法息息相关。职业技能竞赛体现出的对职业教育的先进性、实践性、综合性的要求有助于教师更新教育理念，不断提升自身的技能水平和综合素质，改进教学方法，强化对学生实践能力的培养。同时，一个职业竞赛项目往往不只涉及一门课程、一个专业，这就需要老师之间的跨专业合作，形成指导团队，这一过程对于增进教师之间的专业理解和认同，产生跨专业的新理念、新思想有积极的推动作用。

3. 以技能竞赛为引导，激发学生学习兴趣，提升学生职业能力

竞赛中有成功也有失败，因此，教师在技能竞赛指导中注意提升学生的自信和端正学生的学习动机是非常重要的。教师要在日常训练中有效地利用竞赛机制，调动学生的学习兴趣，在竞赛中增强学生的自信，同时锻炼他们承受竞赛压力和挑战的心理素质。适当参与竞赛项目能够使学生更加明确自己的学习目的和学习任务，将心理活动最大程度地集中在完成竞赛作业的学习上。当学生意识到通过自己的努力学习可以更快地完成竞赛任务，取得更好的竞赛成绩时，就会主动提升自己的学习效率和自主学习的能力。竞赛作业得到的认可，也会进一步激励学生参与到下一次更难的任务当中，从而达到提升学生能力的目的。

4. 以技能为本位，由小至大，积累竞赛经验，提高学生就业能力

物流专业技能竞赛项目应依据全国物流技能大赛标准及职业技能考核的技术标准和要求进行设置，贴近职业技能考核环境，从而促进在专业教育教学过程中以职业技能考核为目标的技能培训，进而使学生普遍达到取得职业技能等级证书的能力，提高学生就业能力。技能大赛在组织形式上，完全模拟全国技能大赛的竞赛形式，使参加竞赛的教师和学生较为深刻地体会到技能竞赛环境，从而积累技能竞赛经验，为参加全国技能竞赛做准备。

通过举办各种形式的技能竞赛，我们深刻认识到开展技能竞赛的重要性。为了更加深入持久地开展系列技能竞赛，更加合理地利用技能竞赛，

我们需要建立比较完善的技能竞赛机制，以物流预备技师职业技能考核和企业实际岗位工作要求为标准，以模拟国家级、省级技能大赛环境为竞赛组织形式，以技能竞赛为手段，实现物流预备技师的教育教学目的，引导学生正确看待技能竞赛，从而促进物流预备技师培养目标的实现。

第七节　教学考核与评价

建立客观、公正、科学、合理的评价体系是检验培养模式的科学性、可行性、有效性的重要环节，也是检验并持续改进教学质量的至关重要的环节。物流预备技师培养的考核与评价包括三个方面：校内课程教学评价、国家对物流预备技师培养的职业技能鉴定考核以及企业对物流预备技师学生完成项目实践和岗位要求的评价。本节重点阐述前两个方面，第三个方面将在本书第五章中予以阐述。

一、校内课程教学评价

教学评价是依据教学目标对教学过程及结果进行价值判断并为教学决策服务的活动。教学评价是研究教师的“教”和学生的“学”的价值的过程。教学评价一般包括对教学过程中教师、学生、教学内容、教学方法、教学环境、教学管理等诸因素的评价，其中主要是对教师教学工作过程的评价和学生学习效果的评价。

教学评价有两个核心环节：对教师教学（教学设计、组织、实施等）的评价，即教师教学质量评价（课内、课外）；对学生学习效果的评价，即课程考试或评价。

（一）对教师教学质量的评价

教师是教学的主体，教师教学的态度、水平和能力是衡量教学质量的重要因素。通过教师教学质量评价，一方面，可使教师明确努力的方向和奋斗的目标；另一方面，可使教师找到教学中存在的问题，并加以完善和改进，增强教师自我认识、自我教育、自我控制和自我提高的能力，促进教学业务水平的不断提高。教师教学质量评价主体由三方面人员组成：学生、督导、系部，即“三方评教”。

1. 学生评价

学生作为受教育者，既是教学活动的对象，也是教学活动的参与者，在教学活动中有直接的感受和体验。因此，他们对教学质量的评价应该是最重要的。但由于受到年龄和认知能力的限制，学生只能通过感观和直觉来评价教师，很难做到全面、客观和公正。因此，在学生评价开展前，对他们进行正确的教育和引导显得尤为重要，学生对任课教师教学质量的评价应主要体现在对教师工作的责任心和工作态度的评价上。

2. 督导评价

教学督导作为教师教学质量评价最重要的主体及实施者，在评价中占有极其重要的地位。但由于受专业限制，一名督导平均要负责几十位教师的评价，很难对专业教学要求有准确把握。因此，督导对任课教师的教学质量评价应主要体现在对教学的规范性和教学方法的要求上。

3. 系部评价

系部作为领导评价和同行评价的主体，一般由系部领导、教研室主任、教学管理人员、老教师组成的评价小组对教师教学质量进行评价。他们一般具有较高的思想素质、丰富的管理经验和教学经验，对本专业学科内容相当熟悉，对评价客体的专业领域也有一定的了解，一般会从专业的角度去评价教师的教学质量。

4. 综合评价汇总

教师教学质量综合评价系统根据学生、督导、系部三方测评数据，按30%、30%、40%的权重自动进行汇总，统计出各教师教学质量综合测评的结果。

（二）对学生课程学习质量的评价

对于课程的考核，我们提倡多种有效的考核模式，如教考分离模式、项目课程过程考核模式、实际操作现场考核模式、学生设计成果评定模式等。

1. 项目课程评价

对项目课程的考核评价是一项系统工作，既要有过程监控，又要有成果输出。项目课程的教学以学生为主体，学生通过团队协作来完成教师所规定的工作任务，所以对整个学习效果的总结和评价主要体现在两个方面：一是对学生学习目标知识、技能掌握水平的评价，二是对学生学习方法、态度所反映的学习效率的评价。教师在进行评价和总结的时候需要制定一个清晰的评价标准，让学生能够明确其在学习过程中存在的优点和不足。学习效果评价主要是对整个工作完成情况进行总结和评价。学习效率评价主要是对学生在学习过程中方法使用是否得当、团队分工协作是否合理、学习态度是否积极等方面进行评价。最后在教师进行总结和评价的过程中，还可以让小组同学对整个学习过程进行自评和互评，让学生知道自身在团队协作过程中所起到的作用。

下面以“货代业务操作”课程中的订舱项目为例进行说明。

（1）项目实施评价。

为了帮助学生对学习项目的整体情况有一个基本认识，根据项目完成情况，我们结合项目目标，对项目的实施进行一次总体评价。如对于上述订舱项目，可以把评分项目分为岗位认知、海运订舱、空运订舱和其他形式订舱等，以分别考核学生对岗位的认知度，对工作任务的知识目标和能力目标的掌握程度，以及总体学习收获情况、工作态度、责任意识、沟通表达能力、团队合作精神等，并设置一定的等级分数。

（2）岗位进阶评价。

岗位进阶包括两个方面：首先，是对岗位职责的认识，细化对应的岗位能力要求；其次，是真实的企业岗位招聘信息，明确企业用人标准。岗位进阶评价旨在加深学生的职业印象，使学生对自己能力和企业用人要求进行一个有效的对比，培养学生良好的职业意识，让学生发现自身不足，明确努力的方向。

（3）项目小结。

项目小结是在每次课程学习后，由学生小组或学生个人自由发挥，回顾每次项目的实施过程，谈谈自己的体会、收获与不足，为之后的项目学习提供借鉴。

由于在课程教学中贯穿了相应的实操训练，而且这些工作都需要学生投入大量的精力和时间才能完成，所以，在物流预备技师的课程考核中，我们更多地采用了过程性评价的方式。需要说明的是，课程目标中的重要知识点也同样重要，也需要通过考试的方式去督促学生掌握，因而过程性评价和期末考试的比例分配一般为7：3。

如“运输业务操作及管理”课程考核方法所示：

课堂表现　10%

项目训练　40%

小组作业（成果展示、情景模拟、课堂讨论）　20%

期末考试　30%

考核方法中的课堂表现一般是对书中重要知识点的练习，不需要通过实践就可以完成，所占比例较小。而项目训练或小组作业一般都需要学生走向社会、通过实践才能完成，所占比例较大。期末考试也占较大比例，主要考核对一些重要知识点的掌握，对学生技能的提升帮助很大，因而也不能忽略。

2. 非项目课程评价

（1）注重对学生学习过程的考核。

考核项目包括平时教学过程中的出勤率以及在课堂提问、情境模拟、角色扮演等教学活动中的参与度。在每一个教学单元完成后，有一个单元小结，平时有小结成绩。过程考核成绩占学生总成绩的70%，其中还包括课外实践活动成绩。

（2）考核体现对学生素质的培养。

在学习过程的考核中，我们设计了对学生工作态度、思维能力、合作意识、沟通能力、创新思维等方面的评价指标，关注学生的素质培养。

（3）企业参与教学考核。

在过程考核中，我们安排了部分课外考核项目，这个项目的分数由企业人员根据学生课外实践的表现给出，体现了考核的开放性和实践性。总成绩按照百分制进行考核，根据课程标准，在课程总成绩评定中，平时考核占60%，期末考试占40%。

如“物流装备与技术”课程考核方法所示：

实操训练　30%

平时作业（课后练习、章节训练）　20%

课堂表现　10%

期末考试　40%

二、职业技能鉴定考核评价

（一）物流预备技师职业技能鉴定考核模式的总体设想

根据国家物流职业等级标准要求，组织技师学院和高级技工学校预备技师班的学生进行物流预备技师职业资格的考核鉴定，采用闭卷笔试的方式测评理论知识，重点测评对相应职业工种的理论知识和新材料、新技术、新方法、新工艺的掌握。采用现场考核实际操作技能的方式，重点考核专业操作技能，以及运用理论知识和专业技能解决实际问题的能力，并要进行物流预备技师企业岗位工作实践和企业项目课题研究报告的撰写与答辩。总结以上内容，考核物流预备技师具有以下特点：

（1）考核对象是技师学院物流预备技师班的毕业班和准毕业班（即入校三年）的学生；

（2）按照技师职业资格等级标准考核预备技师；

（3）采用电脑闭卷笔试的方式考核理论知识；

（4）可采用主观模拟方式考核技能操作；

（5）要进行物流预备技师项目实践课题的撰写与答辩。

从以上内容可以看出，物流预备技师的职业资格考核要求与技师职业资格等级相似，但又不能完全按照物流师的职业资格考核模式来考核预备技师。其根本原因是现有物流师考核模式的考核对象是物流企业一线的在职人员或者其他社会人员，而物流预备技师的考核对象是全日制在校学生，由此可以推断出他们的专业操作技能水平有很大的差别。在职人员或者其他社会人员具有较长时间的企业工作经历，积累了较娴熟的专业技能和较丰富的现场工作经验。而对于技师学院的学生来说，虽然通过了企业的综合项目实践和助理物流师的考核，但是在短时间里仍然无法获得较丰富的现场工作经验。所以完全照搬物流师的职业资格考核模式来考核物流预备技师，是完全脱离实际的。

为了能够充分、客观、真实地反映出物流预备技师与物流师的区别以及校企合作的成果，考核模式必须显示出物流预备技师自身的特点。考核内容可以分为专业理论知识、职业通用技能、职业综合能力三部分。前面两个考核内容由职业技能鉴定中心根据题库组织统一考试，后面一个考核内容由企业和技师学院共同出题，会同职业技能鉴定中心进行考核。

（二）物流预备技师职业技能鉴定考核内容及考核方式

根据物流预备技师考核的实践，以及学校和企业技师工作站共同培养物流预备技师的合作成果，结合社会职业鉴定技师的考核模式，物流预备技师的考核内容可以分为职业理论知识、职业通用技能、职业综合能力三部分。下面分别对这三部分内容的考核鉴定方式进行介绍。

1. 职业理论知识部分

职业理论知识部分包括与物流预备技师职业工种相关的职业基础理论

知识和职业理论知识。因为物流预备技师的培养教学计划包括了物流预备技师考核要求的所有理论知识，而且这些理论知识在物流预备技师的全日制教学过程中，都实施了教学和考核，所以这部分的考核权可以交给技师学院负责。凡是参加由学校组织的统一考试成绩合格者，均可认定为考核成绩合格，学生可以不用再参加考核鉴定机构组织的专业理论统一考试。

2. 职业通用技能部分

物流预备技师的技能考核重点是职业通用技能部分，其考核内容可根据学校和企业合作培养物流预备技师的特点，对相同职业工种的技师考核内容进行适度增减。其考核内容显示出以下特点：①考核内容适度降低通用技能的难度，增加其广度，扩大学生的知识面；②可根据企业就业需求，增加部分就业所需技能操作，以提高学生的就业适应能力。

3. 职业综合能力部分

物流预备技师综合能力部分的考核是通过企业实践考核与评价完成的。企业实践考核要以《物流师国家职业资格标准》为基础，结合企业岗位要求对职业能力、工作业绩以及职业道德进行考核评价。考核一般采用校企合作双评价模式，以企业评价为主，这也充分体现了校企合作，共同培养物流预备技师的特点。依据物流预备技师企业实践培养方案，企业实践考核与评价内容应为企业岗位工作实践考核和企业项目研究与实施考核评价两个方面。

（1）企业岗位工作实践考核。

物流预备技师企业岗位工作实践考核以岗位工作业绩为主，学生在站进行顶岗实习，通过日常岗位的工作获取专业能力、专业知识。其考核评价由企业依据岗位要求、工作业绩进行。评价核心为工作完成情况，突出工作业绩。一般采用月度考核为主的过程化考核方法，以《物流预备技师在站培养手册》为过程化考核工具，对职业能力、工作业绩以及职业道德和职业知识水平进行考核，考核内容包括合理化建议、工作效率、工作质量、指导新员工转正人数等反映工作能力、管理能力、创新能力、指导能力的综合职业能力与职业素养的指标。

（2）企业项目研究与实施考核评价。

学生进入技师工作站经过轮岗实践后，初步提出项目选题方向，经过企业导师和学校导师与学生进行项目选题研讨后，将既符合企业发展需要，又具备可行性的选题列为项目实践课题。课题确定后，学生承担项目研究工作，接受企业学校双导师指导，完成课题研究。课题研究完成后必须经过企业项目实践课题的成果评估，进行项目实践报告综合评审及答辩，并获得项目研究评价成绩。

三、物流预备技师培养与考核的特点

我们对物流预备技师的培养方式、鉴定考核方式以及整个过程进行了总结，发现物流预备技师培养与考核具有以下特点。

（一）职业理论知识系统化和实用化

从物流预备技师的培养教学体系和课程设置计划以及物流预备技师培养的整个过程，我们可以很清晰地看出：物流预备技师的理论知识体系是系统的、完整的，并且紧跟生产一线的最新设备和最新技术，充分显示出其理论知识的实用性。因此，物流预备技师培养教学体系中的理论知识具有系统化和实用化的特点。

（二）职业通用技能学习全面，学生基本功扎实

物流预备技师的操作技能培训和职业工种考核鉴定内容，充分显示出学生是从该工种的中级工开始，经过该工种的中级工、高级工的操作技能培训和职业工种考核鉴定，成绩合格后，才能参加物流预备技师的考核鉴定的。学生经过物流预备技师的操作技能培训，获取了比较全面的基本操作技能（也就是该工种的通用技能），并且技能基本功扎实。因此，物流预备技师培养与考核具有职业通用技能学习全面和学生基本功扎实的特点。

（三）毕业生更贴近企业需求

在物流预备技师的整个培养过程中，有些教学内容是来自企业生产一线的实际案例，在校进行的操作技能培训与企业生产一线的工作内容相同或者相近，并且学生至少要去企业进行一年以上的企业项目综合实践。因此，学生能够更好地适应企业的工作环境，更擅长人际沟通和团队合作，了解企业的基本业务情况、岗位工作及业务处理流程，具有较高的职业综合素养。因此，这一年多的企业项目综合实践是一个很好的工作过渡期，也大大缩短了毕业生就业的适应期，使得毕业生更能适应企业需求和社会变化。所以，培养出的物流预备技师具有更贴近企业需求的特点。

第五章　物流预备技师企业实践

第一节　企业物流技师工作站建设

根据物流预备技师的培养目标，物流预备技师不但需要掌握技师层次的理论知识和操作技能，而且还要具有生产一线的工作经验和管理能力。因此，通过何种途径完成企业实践是物流预备技师人才培养的重要课题，也是培养过程中难度最大的一项工作。为了加强对物流预备技师企业实践教学的研究，我们于2007年专门成立了课题小组，在全国较早地提出了建立企业物流技师工作站进行物流预备技师企业实践教学的设想。2009年，经政府主管部门批准，全国首家物流技师工作站正式成立，经过几年的研究与实践，物流技师工作站的工作制度日趋完善。目前我们已经与深圳华强物流发展有限公司、深圳华运国际物流有限公司、深圳均辉华惠国际货运有限公司、深圳递四方速递有限公司、UPS、深圳顺丰速运有限公司、深圳海格物流有限公司、中外运广东分公司、周大福全国物流配送中心、深圳顺捷物流有限公司这十家企业共同建立了物流技师工作站，已完成120名物流预备技师班学生的在站培养工作。这些学生出站后，受到了社会的高度评价和热烈欢迎。实践证明，企业物流技师工作站开创了我国高技能人才培养的新型模式，解决了长期困扰我国院校进行技师企业实践教学环节的难题，必将在我国高技能人才企业实践培养中发挥越来越重要的作用。

一、企业物流技师工作站概述

（一）企业物流技师工作站的概念

企业物流技师工作站是指物流企业为培养物流技师而设立的以企业工

作任务为导向，以职业能力为核心，实施工学结合、双导师制模式，集产、学、研于一体的系统性企业实践创新平台。

（二）企业物流技师工作站的主要功能

（1）物流高技能人才的培养基地。充分发挥物流行业、企业单位现有高技能人才的作用，采取名师带徒、校企合作的形式，以“双导师制”培养物流预备技师人才。

（2）校企合作的“产、学、研”创新基地。组织开展技术攻关和技能创新等活动，吸引高技能人才，加强技术交流、合作攻关，推动技术进步和解决关键性的生产和管理难题。

（3）组织开展多种形式的技能竞赛与研讨活动，普及应用生产管理技能，培养双师型教师，选拔具有潜质的后备物流高技能人才。

（4）校企共同制订物流技师培养规划、物流岗位职业标准、人才培养和评价方案，开发基于工作过程的项目课程，制定课程标准、研究更新教学内容、编写以工作过程为导向的一体化项目课程教材。

二、企业物流技师工作站的设立条件

物流技师工作站是由学校所在地的人力资源与社会保障部门批准设立的。按照人力资源与社会保障部门的相关要求，如企业具备下列条件，可以申请设立物流技师工作站：

（1）单位主要生产领域有三名以上在生产实践中能起带头作用的物流技师或高级物流技师，并能安排三名以上学生进站实践。

（2）单位的经营管理状况良好，能为高技能人才提供较好的工作条件和必要的生活条件。

（3）单位已建立技能等级与工资福利待遇、晋升挂钩机制，高技能人才的地位和作用得到普遍认可。

（4）物流生产设备设施先进，适应产业发展和专业培训的要求。

（5）独立承担过市级以上重大项目的单位可优先认定技师工作站。

近几年，我们在选择物流技师工作站企业时，做了大量深入细致的研究性工作，从以往合作过的企业中认真评估，精心筛选，并与被选企业一起召开了多次专题会议，最终与十家企业达成建设技师工作站的合作协议。这些企业均具备以下特点：①企业经营规范；②企业在快递、仓储、运输、国际物流行业特色鲜明；③企业为世界五百强或行业龙头企业，业务发展扩张迅速；④具有良好的校企合作基础；⑤企业对培养物流预备技师人才热情高；⑥企业需求岗位与物流预备技师培养目标相吻合。

三、企业物流技师工作站的管理

企业物流技师工作站建设应从企业经营与学校办学的利益结合点出发，按照校企之间“资源互换、优势互补”的原则，结合企业实际，建立技师工作站自身独特的运行管理模式。物流技师工作站是由企业和学校共同管理的，校企领导和有关专家组成领导小组行使管理职责。为了做好物流技师工作站的管理工作，我们在实际工作中探索出了一套行之有效的企业技师工作站管理制度和《物流预备技师培养手册》等管理工具，用于指导规范物流技师工作站工作，以保证每一阶段的工作都能有章可循、有序开展。这些管理制度主要包括物流技师工作站企业、学生、学校签订三方培养协议制度，双导师指导制度，企业导师、学校导师综合考核认定制度，物流技师工作站学生助学金制度，物流技师工作站考核与评价制度等。这些物流技师工作站管理制度在实际工作中发挥了重要作用，以下是其主要内容。

（一）学校与物流技师工作站企业签订物流技师工作站建站协议，物流技师工作站企业、学生、学校签订三方培养协议

为了规范物流技师工作站企业、学生、学校三方的权利和义务，学校与技师工作站企业签订了物流技师工作站建站协议。学生进入物流技师工作站前要和学校、物流技师工作站企业签订物流预备技师三方培养协议。建站协议主要包括合作总则、合作形式、合作时间、双方责任与义务等。企业物流技师工作站强调校企合作、工学结合、双导师制培养模式，致力于与学校共同培养符合企业需求的高技能人才。学校与企业共同组成实习领导小组，对实习学生进行实习教学与日常管理。企业根据学生实习内容、项目和课题给予安排，并指派专业技术人员担任导师，以保证学生顺利完成物流技师培养任务。物流预备技师在站三方培养协议主要包括在站学习期限、工作时间、三方责任等内容。物流技师工作站的企业责任在于强调工作环境、日常管理，为物流预备技师培养提供必要学习生活条件、岗位技能和技术攻关指导，为学生购买人身意外伤害保险等；学校责任在

于做好在站学生的思想教育工作，与企业共同做好物流预备技师在站培养计划，派出专业指导教师与企业导师共同为学生制订实践项目，指导学生开展课题研究；学生责任在于遵守物流技师工作站规章制度，服从安排，按企业要求完成工作和学习任务。企业物流技师工作站管理强调建设物流技师工作站前必须签订物流技师工作站建站协议，学生进入物流技师工作站接受培养前必须签订物流预备技师三方培养协议。

（二）物流技师工作站双导师指导制度

双导师指导制度是指物流预备技师班学生的在站培养由企业导师、学校导师共同指导。双导师制的工作难点在于校企双导师的选聘。我们的具体做法是：

（1）企业负责推荐本企业技师或高级技师（工程师/高级工程师）作为企业导师，也可安排物流行业实践经验丰富的员工作为企业导师，采取师傅带徒弟等多种方式培养预备技师。企业导师负责学生在企业期间的岗位技能训练、技术攻关等指导工作。

（2）学校负责在本校的“双师型”教师队伍中推荐导师。学校配备的导师的物流企业工作经验需平均达到六年以上，物流实际岗位工作经验丰富，能有效开展预备技师培养的工作岗位指导和项目专题研究工作，负责学生的实习教学、项目课题研究、研究报告撰写等指导工作，协助企业对学生进行日常管理。

（3）企业导师与学校导师定期交流研究预备技师培养情况，分析并解决遇到的问题。学校导师每周在固定时间到技师工作站坐班工作一天，每周至少与各物流技师工作站企业导师交流一次。学校导师和企业导师每月在《物流预备技师培养手册》中审核学生月度报告，并签署意见。导师全程参与项目选题、项目研究、项目研究效果评估以及项目实践报告的评审与答辩工作。

（三）物流技师工作站导师培训考核认定制度

企业技师工作站的企业导师和学校导师都必须通过学院对其资历、工作业绩、技能水平、职业素养等的综合评价考核，并经过物流预备技师指导教师专题培训后才能被学院正式予以认定。为提高物流预备技师在物流技师工作站的培养效率和质量，我们每年举办一次指导教师的专题培训班，主要内容是物流技师工作站在物流预备技师培养上的作用、培养要求、工作方法、工作流程等。目前我们已举办了两届培训班，有23名来自学校和企业的导师参加了培训。他们在企业技师工作站的工作中发挥了重要作用。

（四）物流技师工作站学生助学金制度

学生在物流技师工作站接受培养是一种通过企业项目研究和顶岗实践完成工作任务的学习模式，学生仍然以学生身份进行工作，企业不能和学生签订劳动合同。但为了在技师工作站培养期间更好地调动学生工作和学习的积极性，学校和企业商定设立技师工作站学生助学金制度。从学生进入物流技师工作站开始，全部学生均可享受企业助学金政策。助学金由基本生活补贴和工作奖金构成，奖金额度主要视学生在企业的工作表现和学习任务完成情况而定，平均每人的助学金总额可达到2 800元/月，由企业按月发放。助学金的设立调动了学生在企业技师工作站工作和学习的积极性，使学生更好地融入企业的环境中，也增强了学生对所在企业的责任感。

（五）物流技师工作站校企联系制度

在物流技师工作站的实际工作过程中，校企间形成了教师、教研室、系部领导与企业指导教师、企业部门经理、企业高层领导的“3+3”层级合作模式，取得了良好效果。“3+3”模式即每个技师工作站安排一个专门的学校导师负责与企业导师进行对接，教研室主任与企业部门经理进行对接，系主任与企业高层领导进行对接。“3+3”模式是一个创新之举，通过该模式的管理，校企之间、各个层面之间既有分工又有合作，有效地解决了物流预备技师培养过程中所出现的学生的生活、思想、学习、定岗、职业发展、待遇等各种问题。同时，定期召开物流技师工作站专题工作会议，及时制定物流预备技师在站培养规范，修正工作流程和管理制度，也使物流预备技师培养工作更适合企业实际和职业岗位要求。

（六）物流技师工作站学生管理制度

学生在物流技师工作站接受培养期间，企业按企业员工日常管理制度对其进行管理，因个人原因离开企业技师工作站，或在培养过程中因个人表现不佳而被企业辞退的，学校会按照相关规定将其视为没有完成物流预备技师学习，不能予以正常毕业。学生在物流技师工作站接受培养期间，除要完成企业要求的岗位工作外，还必须按《物流预备技师培养手册》规定完成相关的学习与研究任务。在物流技师工作站培养合格出站后，学生与物流技师工作站企业可进行双向选择。企业根据用人的要求遴选学生，学生也可以选择继续留在企业或者离开企业。

（七）在站培养教学检查与资料存档管理制度

在站培养教学检查是指导师按照计划编制物流预备技师在站教学工作页，要求学生按时上交月度实践报告，企业导师、指导教师按时填写指导意见。教研室每月进行在站培养教学文件检查，检查在站培养教学工作页和《物流预备技师培养手册》的完成情况。

资料存档管理制度是指在技师工作站建立资料档案库，这是加强技师工作站管理的重要措施。存档资料主要包括：物流技师工作站建站协议书、预备技师培养三方协议、企业项目实践大纲、企业项目实践培训计划、在站指导教师工作安排表、预备技师在站培养手册、导师工作会议记录、企业导师证书复印件、企业项目实践报告选题一览表、项目实践报告和评审答辩等资料。

（八）企业物流技师工作站考核与评价制度

学校和物流技师工作站企业协商，建立物流技师工作站运行的考核评价指标体系，对资金投入、工作质量等项目进行考核评价，执行奖罚措施，总结物流技师工作站的运行经验，并进行示范推广。

物流技师工作站出现下列任何一种情况时，可报人力资源与社会保障部门批准，终止企业物流技师工作站资质：①有违法违纪行为的；②侵犯学院和行业企业权益，干扰学院和行业企业正常工作，给学院和行业企业造成不良影响或重大经济损失的；③管理不善或因其他原因难以续办的。

四、企业物流技师工作站的成效评价

通过在企业设立物流技师工作站，将教学课堂转移到企业，让学生在企业顶岗实习，实施双导师指导，我们培养出了深受企业欢迎的高端物流技能人才。已毕业的两届物流预备技师班毕业生目前已经有85%走向企业基层领导岗位，平均就业工资达到了4 500元/月。极具竞争力的就业岗位和工资待遇证明了物流预备技师的培养是成功的。经过探索与实践，物流技师工作站培养模式形成了良好的办学质量和社会效益，具体表现在以下几个方面：

（1）物流技师工作站真正实现了学生岗位技能的有效提升。在真实工作环境中，采用真实工作项目，边做边学、边研究边实践，通过物流技师工作站的有效管理，学员基本达到物流预备技师岗位技能要求。

（2）物流技师工作站促进了学生良好职业素养的形成。真实的企业环境不但有利于学生提升岗位技能，更有利于学生学习如何做人，让他们顺利完成从学生到职业人的角色转换。

（3）物流技师工作站的培养模式为学校扩展了教学资源。一年半的物流技师工作站培养周期超过学生学制的1/3，既节省了教学用地，也减少了对教学设备的投入，打破了目前教学资源较为紧张的困局。

（4）物流技师工作站的培养模式也为学员家长提供了一种高附加值的教育投资路径。学生在企业物流技师工作站实践能获得较高的助学金，毕业后又可以高薪就业，为家长减轻了经济负担。

（5）物流技师工作站是造就双师型教师的良好平台。物流技师工作站将教学现场转移到了企业工作现场，教师能深入企业，参与生产经营活动。这种模式促进了教师专业实践能力的提高，教师从生产一线采集的工作项目和案例素材丰富了教学资料，促进了校内项目课程教学质量的提升。

（6）物流技师工作站的建设带动了产、学、研工作。在企业培养物流预备技师还为企业解决了很多实际生产难题，创造了产、学、研一体化培养模式，突破了企业的发展瓶颈。很多物流预备技师的项目研究课题成果为企业所采用，产生了良好的生产经营效益。以UPS物流技师工作站为例，“机舱配载优化研究及应用”项目是我院老师在UPS物流技师工作站指导学生进行项目研究时发现并提出的解决方案，为企业带来了巨大的经济效益，获得了企业的高度赞赏。

（7）物流技师工作站建设深化了校企合作。物流技师工作站是加强校企合作的平台，可以说，在物流技师工作站的整个运作过程当中，校企双方全方位互动，密切配合，取得了校企双赢的可喜成果。

第二节 物流预备技师企业实践

企业实践是物流预备技师人才培养的重要环节，它由企业岗位工作实践和企业项目研究两部分组成。

一、物流预备技师企业岗位工作实践

物流预备技师培养与其他类型物流人才培养不同，其特殊性在于，在整个物流预备技师培养过程中，学生必须积累相当的工作经验并具有更高的岗位技能。按物流预备技师人才培养方案的要求，物流预备技师班的学生在物流技师工作站要完成长达15个月的企业实践，为了做好企业实践环节的人才培养工作，我们按照物流预备技师培养要求，制订了物流预备技师企业岗位工作实践分阶段培养计划，规定物流预备技师班学生在进入企业技师工作站后要经历岗位基础技能培训、岗位工作技能提升、跨岗位拓展培训、定岗与项目专题训练、基层管理能力培养等主要培养阶段。

（一）岗位基础技能培训阶段

学生进站后首先要参加岗前培训，包括入职培训、岗位职责和企业文化培训等，让学生初步认知企业文化、岗位工作内容、岗位职责，以适应企业技师工作站的工作生活环境。然后学生在企业导师的带领下逐步展开单项工作任务训练，进行顶岗实习，使学生掌握岗位工作的基本技能，能够独立完成简单的工作任务。岗位基础技能培训阶段是学生初次独立完成岗位工作任务的培养阶段，在阶段初期，由于学生没有工作经验，难免会出错，若不及时进行校正，将会给企业带来损失，甚至招致客户投诉。所以在该阶段的培养中期，通过“工作流程及常见易出错环节调查表”调查每个学生在从事的工作任务中的易出错环节，发现每个学生的能力瓶颈，针对易出错环节提出具体的处理措施。学生要在这一阶段达到企业同等岗位一般员工的综合职业能力水平。同时，在这一阶段还会采用企业新员工的心理测评法，诊断、了解学生心理状态，排除学生心理障碍，为学生进入下一培养阶段打好基础。

（二）岗位工作技能提升阶段

在这一阶段，我们根据岗位基础技能培训情况，结合工作任务，用单项工作任务进行实训。企业导师诊断岗位关键操作技能，制订操作技能提升计划，逐步实现学生操作技能的提升；学校导师则采用工作案例教学法，拓展学生的专业视野，解析工作流程，传授方法知识。校企双导师紧密合作，突破学生岗位工作技能发展瓶颈，使学生熟练掌握单项工作技能。岗位工作技能提升阶段要求学生熟练掌握工作技能，深刻理解岗位工作任务目标，突破技能发展瓶颈，是技能水平培养的关键一环。更重要的是，在这一阶段需要培养学生良好的职业行为习惯，使学生形成精益求精、持续改进物流服务水平的职业素养。为达到这一培养目标，我们要求学校导师每周在固定时间到企业技师工作站采集、收集典型工作问题。比如，在这一阶段培养过程中，华强物流技师工作站导师发现，由于缺乏专业的快递单证打印系统，他们无法完成淘宝物流项目单证打印工作任务，导致客户发货延迟。此工作案例被采集以后，校企导师合作编写了《物流职业素养指导教程：简单的事情可以做成不同的水平》案例教学资料，对问题的不同处理方法进行了剖析，并推荐了相对理想的解决方案，以激发学生工作的积极性和提高学生解决问题的能力，帮助学生突破职业能力的发展瓶颈，拓展学生职业能力的发展空间。学生在这一阶段要达到企业同等岗位熟练员工的综合职业能力水平。

（三）跨岗位拓展培训阶段

企业技师工作站人事部门、业务部门、企业导师、学校导师根据学生岗位工作技能提升阶段的培养情况和企业的实际业务情况，分析学生的职业发展兴趣和特长，选择合适的岗位群，制订该阶段的轮岗实习计划，分批选拔具有熟练的岗位工作技能的学生进入跨岗位拓展培训阶段，实行轮岗培养。这一阶段注重培养学生的整体业务协调沟通意识、相关岗位的衔接沟通意识和技能以及整体业务流程把控能力。导师结合企业整体业务流程传授跨部门的业务沟通知识给学生，并结合实际工作任务进行分析和技能训练。

在跨岗位拓展培训阶段，由于学生需要轮岗，在新的岗位上，必须接触新部门的领导、同事，完成新的工作任务，会面临更大的考验和挑战。为此，在该阶段初期，应该对各技师工作站学生展开针对性的调查，全面了解学生工作中的难点、需要教师辅导的帮助点、与上司和同事关系的压力点、对现有岗位的满意度、轮岗的期望以及近期的职业发展愿望等。调查的实施由学校导师完成，并与企业导师一起对调查结果进行“会诊”，针对每位学生的不同情况，给出解决方案。

（四）定岗与项目专题训练阶段

根据前期的培养情况，企业导师和学校导师对每个学生进行综合诊断和评价，根据企业工作需要，并征求学生的职业发展意愿进行定岗。在此基础上，结合企业工作任务，设立专题训练项目，项目专题选自企业典型工作任务，具有一定的综合性、较高的技能含量和一定的工作难度。导师要帮助学生做好项目专题的设计和实施规划，针对项目专题中的关键技能点对学生进行强化训练，采用工作案例教学法，通过知识和技能移植启发学生，指导学生顺利完成项目专题训练任务。项目专题训练具有专项性、完整性和较高的技能含金量。项目专题包括单项工作的完整内容，可解决物流企业某个典型问题或提供某一专项服务，例如，华运国际物流的 DDS 检查、商贸企业的库存控制问题等均属于项目专题训练。这一阶段要求学生能够对本岗位工作异常情况采取适当的措施进行处理，并能创造性地开展工作，达到优秀员工的综合职业能力水平。

（五）基层管理能力培养阶段

物流技师工作站培养的中后期阶段，由企业高层管理人员、企业导师、学校导师及企业相关业务部门人员一起对学生前期工作表现情况进行评价总结，包括对学生的岗位晋升作出规划，将考核合格的学生列为企业基层管理人员的培养对象，指导学生参与企业相关的管理性工作，培养学生的基层管理能力，训练、培养学生的全局意识和系统性解决问题的能力，启发学生掌握解决企业全局性问题的方法。本阶段要求学生能够计划、组织、实施约 5 人完成的一般工作项目；能够组织小范围的工作例会，处理程序性事务；能够关注细节，对日常局部性工作提出改进措施；具备较强的执行力、横向沟通与纵向沟通的能力和培养他人的能力。通过这一阶段的培养，学生要能够带领小型团队开展工作，达到基层管理人员的综合职业能力水平。

目前，一些企业已将技师工作站作为校企合作培养基层后备管理干部的平台。例如，在深圳均辉华惠国际货运技师工作站物流预备技师培养的中后期，校企双方根据企业发展需要，结合学生特长共同研究学生在企业的目标岗位，有针对性地对学生进行培养。如2007级物流预备技师班的5位同学出站后，都顺利走上企业基层管理岗位，平均就业工资达5 100元/月，实现了物流预备技师培养目标。物流预备技师的培养解决了企业发展过程中人才紧缺的问题，使企业成为最大的受益方，因而也大大提高了企业在物流预备技师培养方面的热情和支持力度。

二、物流预备技师企业项目研究

开展企业项目研究，培养学生研究与创新能力，并能解决实际问题是物流预备技师培养的重要任务。企业项目研究采用在工作岗位专题研修的形式，以物流技师职业资格的知识与技能为基础，以解决企业实际需要的实用型综合课题为主线，根据物流企业的实际情况，在完成本职工作过程中，分析问题，提出解决方案，并将解决方案应用于实践，通过效果评估后再在企业中进行推广。企业项目研究过程以企业真实项目为载体，以校企双导师为指导，学生通过企业项目研究，将所学的理论知识与实践相结合，不断发现问题、分析问题、解决问题，并在实践中提高自己的综合职业能力和培养自己的职业素养。

（一）企业实践项目研究过程管理

企业预备技师实践过程管理包括项目选题管理、项目研究过程管理、项目研究成果应用效果评价管理、企业项目实践报告评审答辩管理等。

1. 项目选题管理

学生进入预备技师工作站半年后，就进入了物流技师工作站培养的中期阶段，要在项目专题训练的基础上，结合生产经营的实际情况进行选题研讨、立项。项目选题应满足企业实际需要，能够解决或部分解决企业需要解决的实际生产与管理问题，并能作出一定的改进，带来一定的经济效益。

项目课题由学生根据生产实践提出初步方案，报导师进行初审，企业导师与学校导师共同审核方案的选题方向是否符合企业发展需要，是否解决了企业的生产与管理问题。学生在完成选题后，填写“物流预备技师培养课题申请表”，申请表内容包括课题名称、课题申请人、研究开发内容、预期成果。原则上是学生一人一题。物流技师工作站校企合作评价小组对课题申请进行审议，经审议后课题才能立项，项目选题才算完成。

2. 项目研究过程管理

项目经审批立项后，在校企双导师指导下，学生撰写开题报告，报告内容包括项目课题的背景和意义、主要内容、项目课题完成工作进度安排、项目课题的预期目标与成果。经导师审核通过后，学生开始项目研究。

在项目研究中，学生要在规定时间内完成各阶段的研究工作，中期阶段学生要填写“物流预备技师工作站企业项目研究进度表”，项目研究完成后还要提交企业项目课题研究报告。导师在每周的固定时间指导学生开展项目研究工作，定期对学生课题研究的进度和工作内容、阶段成果进行检查，以便了解课题所取得的成果及存在的问题，及时给出指导意见，以保证研究工作顺利进行。

3. 项目研究成果应用效果评价管理

企业项目实践评价的关键点是项目研究成果是否满足企业需要，是否解决或部分解决了企业实际问题，如果没有解决或解决不好，进行项目实践报告评审和答辩就没有意义了。为了做好项目研究成果应用效果评价工作，校企合作专门成立项目研究成果评价小组，评价小组主要由企业专家组成，在站培养学生首先提交项目研究成果，专家根据项目研究成果进行评价。评价通过的项目成果由物流技师工作站企业出具实践应用效果评价报告。项目成果通过评价后方可进入企业项目实践报告评审答辩环节，否则要重新进行研究。项目研究成果评价一般安排在企业项目实践报告评审答辩前一个月完成。

4. 企业项目实践报告评审答辩管理

企业项目实践报告评审答辩管理指校企合作成立企业项目实践报告评审答辩委员会，答辩委员会由专业教师、企业导师、物流师职业技能鉴定专家等人员组成，每次评审答辩时，评审专家人数不少于5人，其中行业、企业专家人数大于总人数的50%。

学生向答辩委员会提交企业项目实践课题研究报告，研究报告要满足以下要求：

（1）具有实用性、针对性、先进性和可操作性，能解决或改善企业某一方面的具体问题；

（2）观点鲜明、资料翔实、分析透彻、结构合理、文字精练；

（3）图表清晰、统计严谨、数据准确；

（4）措施方案要服务全局，且切实可行，能够提高企业效率和效益。

（二）企业项目研究的特点

企业项目研究是培养物流预备技师研究与创新能力的重要途径。因此，项目研究应具有实用性、先进性和创新性，以提高物流预备技师的培养质量。

1. 实用性

项目来自企业生产实际需要，如企业需要改进的生产管理方式、生产工艺，生产关键环节或生产发展瓶颈的突破，新业务模式创建的设计、规划和实施等。项目的研究能解决物流企业的重大生产问题，产生较大的经济效益。例如，UPS 物流技师工作站的“国际空运货物整合与航空器利用率最大化”的项目，发现了引起航空器利用率低的原因，并提出“转运中心整合货物，降低机舱浪费”和“改善传递信息，提升货物整合效率”的方法，解决了航空物流界存在多年的关键资源利用率低的问题，得到了企业的高度赞赏。该方法每月可为 UPS 亚太转运中心节省 100 个舱位，大大提高了企业的经济效益。

2. 先进性

根据行业调研和资讯的收集与分析，企业应适当采用物流行业中的先进技术装备和管理操作模式。例如，“周大福全国配送中心更新改造”项目，在不增加原有场地面积的基础上，重新对物料仓库进行了科学规划，并通过采用电子标签技术、通信技术、网络技术、物联网技术建立了从供应商采购、仓储与存货跟踪、订单录入与管理、配送运输到客户收货的整条供应链，成功实施了分布式物流系统的供应链管理。配送中心面积利用率比原来高出 140%，进出库等作业效率提升近 30%，货物积压情况得到了有效控制，货物周转率提升了近 35%。

3. 创新性

物流预备技师班学生在企业项目研究中根据企业的业务经营需要，开创了新的操作和管理模式。例如，华强物流 2010 年引进了国内淘宝电子商务和香港淘点物流服务项目。电子商务物流运作在物流行业中属于新兴领域，该项目在行业中属于一种全新项目，在国内还没有成型的模式。华强物流预备技师工作站的学生在导师的指导下，制定了淘宝电子商务物流项目的出入库操作流程、退货操作流程、盘点流程、营销策划方案、客户服务等操作标准，并在此基础上实施项目，在项目实施过程中发现了快递交接、货位规划不合理，包装不合理及入仓货物检验等方面出现的操作质量问题，并对操作流程加以改进和修订，从流程管理角度制订解决方案，提高了操作质量。目前，该项目运作良好，为企业开创了新的运营模式。

三、企业项目研究案例——国际航空货运机舱配载优化研究

物流技师工作站的企业项目全部来自企业生产实际需要，很多项目成果解决了物流企业的生产瓶颈，实现了产、学、研一体化的物流预备技师培养模式，产生了较好的办学效益和经济效益。下面以2007届物流预备技师班刘琪同学研究完成的“国际航空货运机舱配载优化研究”项目实践报告为例来说明物流预备技师企业项目实践的成果。

案例7　国际航空货运机舱配载优化研究

当今，经济一体化进程加剧了跨国经营企业之间的竞争，供应链中的采购、生产、销售等业务环节越来越紧凑，客户对物流的时效性要求越来越高，航空快递物流业得益于此，近几年来实现了快速发展。

众所周知，与其他运载工具相比，飞机的飞行成本高，货机机舱资源极为宝贵，其利用率的高低直接影响到每架货机的装货量，也影响到了航空快递物流运营成本及服务质量。

本文借助某大型航空快递公司亚太转运中心业务操作平台，对国际航空货运机舱配载优化进行实例研究及应用实践。通过研究与实践，达到降低国际航空快递物流成本、提高物流服务水平的企业经营目的。

该企业成立于1907年，是一家拥有世界上最受推崇品牌之一的全球性公司，是全球最大的快递承运商和包裹运送公司，同时也是专业的运输、物流、资本与电子商务服务等领域的领导者。

2009年，该企业在亚太的转运中心实施战略调整，转运中心迁至深圳。这一年的12月，在深圳机场耗资1.8亿美元、占地8.9万平方米的亚太转运中心投入运营。

该企业亚太转运中心刚刚投入运营时，每天有七进七出共14个航班，且14个航班的机型和装载容量各异，各航线货量不平衡，集装箱箱型大小不一，再加上作业时间短，使得货机装机效率较低，造成舱位浪费，给企业的航空运营带来很大的经济损失。因舱位浪费和延迟交货而造成的经营成本

过高是国际航空界普遍存在的问题，也是航空物流中最大的成本问题所在。

一、机舱舱容浪费问题原因分析

机舱舱容浪费主要有两种情况：一是航班上的舱位直接空置；二是集装器装货量未达定额，没有充分利用集装器装货空间。从几家航空物流巨头的航班装载情况及统计数据来看，第一种浪费情况偶有发生，而第二种浪费情况却屡见不鲜。

（一）舱位空置原因

舱位空置其实并非由于无货可运，而是因配载不当导致集装器配装或摆放不合理而造成的空间浪费。航空运输中多种航空器机型对应多种集装箱箱型，比如，宽体机型 747 的主舱位可配载高达 3 米的宽体集装箱 DMD，半宽体机型 767 的主舱位可配载高达 2.4 米的集装箱 AAD，而窄体机型 757 的主舱位可配载一个 1.6 米高的 AAZ 或 2 米高的 AAY。在配载不当时会出现以下两种情况：

1. 集装器不适航

集装器不适航是指集装器的尺寸与要装载的飞机机舱尺寸不吻合，导致无法装机。这种现象主要出现在宽体货物转运到窄体机的情况下。比如：宽体机型 747 货机兼容 DMD/AAD/AAY/AAZ 集装箱，但是 DMD/AAD 集装箱却无法配载到 757 型货机（窄体机），若不及时将之改换成 AAZ/AAY 箱型则势必会造成 757 舱位空置。

2. 一箱占两位

“一箱占两位”是指一个集装器占两个机舱位置。比如，一个宽体集装箱 DMD 要配载到半宽体型的 767 货机，虽然可适航，但是必须将 DMD 装载在 767 的两个并列舱位的正中间，为了避免 3 米高的 DMD 撞击到 2.4 米高的 767 舱壁，势必要“一箱占两位”，这就浪费了 767 一个舱位。

（二）集装箱装载量低

国际航空快递物流业务量容易波动，一方面是因为国际空运的始发站的出货量下降，导致集装器装载量下降；另一方面是即便出货量增加达到高峰，又会因为航班业务操作分秒必争，不能等到所有集装箱装满才出港，所以出现始发站出港的航班上有相当比例的集装箱未能装满货量的情况。此外，航班到达亚太转运中心之后，又必须分秒必争地将货物装载到下一个航班，加剧了集装箱装货空间的浪费，导致货物的单位运输成本巨大。

例如，一架拥有 32 个主舱位、最大装载量为 710 吨的 747 宽体货机，却在各个舱位都配载窄体小容量的 AAZ/AAY/AAD 集装箱，其浪费可想而知；或者一个装载量可达 6.8 吨的宽体集装箱 DMD 只装载了 2 吨的货量，也就相当于浪费了 4.8 吨的价值大于 2 500 美元的运力。这种“隐形”的舱位浪费不亚于舱位空置和“一箱占两位”的情况，因为这不但是舱位的浪费，也是集装箱的浪费，更是操作时间和人力物力的浪费。

二、机舱舱容浪费问题根源分析

根据航空物流的时效性要求，国际转运中心必须在两个小时之内完成所有的转运业务，包括海关进出港申报、进港卸机操作、配合海关查货、机坪理货和运输调度、各项单证制作和系统录入、出港航班配载安排和装机等一系列操作，再加上七个到站航班的机型和容量各异、各航线货量不平衡、集装箱箱型尺寸存在差异，以及除了七架进港航班上的中转货之外还有大量的深圳本港货也要出港等条件约束，因此需要针对航班的时效性和集装箱体积重量的适航性做出最合理的 Rebuild Plan（货物整合计划），以及重新申报、重新录单、重新装箱装机等。

航班的准点出航是国际空运最基本的时效要求，货物整合不能以耽误出港时间为代价，否则只能导致更多的 Cargo Delay（货物延迟）。以该企业亚太转运中心（深圳）为例，航班进港时其操作流程如图 5－1 所示。

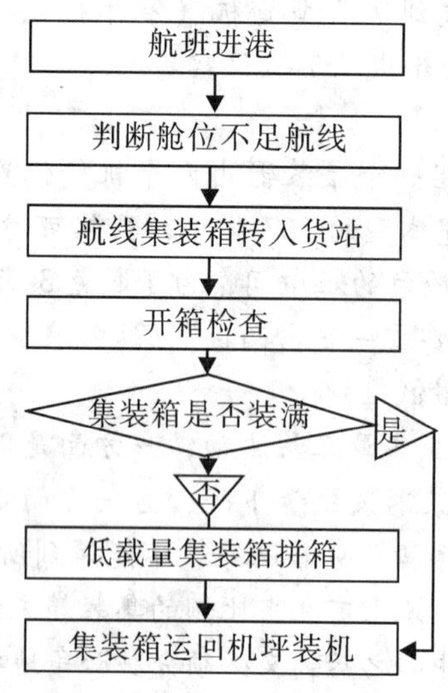

图5－1　优化前的 Rebuild 流程

如果信息获取能力不足，不能事先取得货物和集装箱的重量、体积等精确信息将会导致以下后果：

（1）不加甄别地将所有能合并和不能合并的集装箱都从机坪转入货站，拆箱检查，再做 Rebuild Plan，将导致运力和时间资源浪费，甚至导致 Cargo Delay。

（2）集装箱体积、重量适航约束：多箱合并以后，再发现货物超重或超出集装箱的装载容积就必须重新进行合并，延误宝贵的装机时间。

三、机舱舱容浪费问题解决方法

经过反复的研究和验证，对于“一箱占两位”和低装载量集装箱机舱浪费的问题，只要转运中心进行合理的货物整合，就完全可以避免这种不必要的浪费。但是转运中心两个小时的操作时间是整个操作过程的难题所在，因此必须从信息改善和流程改造两个方面来提高操作的时效性。

（一）改善信息传递，提前制订整合计划

信息是进行货物整合的依据，提高货物整合效率的关键就是改善信息获取。虽然转运中心的操作时间只有两个小时，但是飞机从始飞地到达转运中心的过程一般也会有两个小时的时间，如果能在飞机起飞时就获得需要准备的货物和装载情况数据，那么转运中心就能对将到达的货物进行预配载处理，并做好整合计划，从而节省了在转运中心的操作时间。

1. 信息传递的渠道

Compass 系统是该企业实现数据全球共享的信息系统，系统中除了有机舱平衡配载和电报功能以外，还管理着所有运单、重量、件数信息，只要始发地在飞机起飞前能够按照操作录入完整的货物信息和飞机装卸信息，转运中心就能提前两个小时通过系统获取所有信息，掌握航班上各集装箱实际载货情况，不需要在飞机到达后再把集装箱拖进货站进行察看以获得数据。

2. 信息传递过程中存在的问题

虽然该企业有了可以进行全球共享的信息系统，但由于各始发站的操作不规范、不完善，导致了信息不完整等问题，主要体现在以下几个方面：

（1）缺少货物的尺寸数据。现行的系统上虽然有录入尺寸的要求，但很多始发站只录入了收货时计算出来的货物体积，而忽略详细的尺寸数据。

（2）尺寸数据录入不规范。部分始发站点虽然在系统中录入了尺寸数据，但是录入时比较随意，没有严格按规范操作，特别是一批货物中有多种规格的货物时，往往只录入了其中的一种规格。如在系统中录入“60cm × 30cm × 40cm × 3”，让人以为是三件同一规格的货物，实际上，经查货，该

批货物只有一件是该规格的。

(3) 缺少集装器的装箱数据。这是影响货物整合最关键的因素。目前还没有一家始发站做到对集装箱内货物总体积做测量计算并将其录入系统，系统中只录入了集装器装载的货物的运单号码。这就需要转运中心的Rebuild员花大量的时间根据运单号通过其他渠道查找货物的尺寸数据（也不能保证一定能够获取相关数据）。最后还是不得不等货物到达转运中心后再进行查看、计算体积，并且据此重新整合货物，如此则延长了整个作业的时间。

3. 改进措施

针对以上几个问题，项目组根据航空作业的实际情况提出了以下几种解决方法：

(1) 规范货物体积数据在系统中的录入。首先，把体积和尺寸数据设为必填项，否则数据不能存盘通过；其次，要求各站点按标准格式录入数据，并在系统中增加规范性检查。一票货物均为同一规格的标准格式为"长×宽×高×件数"，一票货物中有多种规格的标准格式为"长×宽×高×件数"，"长×宽×高×件数"……

(2) 在系统中增加集装器的装载信息查询表。由该表可以查询每个集装器所装载的货物单号、件数，每一件货物的尺寸、总体积和重量。在系统实现该功能之前，可以先由各始发站以Excel表格的方式提供相关信息。

(3) 提供货物装载集装器的照片或视频。这种方法简单且成本低廉，不用始发站费时、费力地测量录入货物总体积，只需用相机或监控录像机对所有出港集装箱拍摄"全身照"或视频并上传到公司的网络共享盘即可。

只要各站点能实现以上几个改进措施中的一项，转运中心就可在飞机从始发站起飞的时候，根据各始发站在系统中录入的信息、集装器装载信息表或共享盘上的实物照片，事先做出最优化的Rebuild Plan交给货站操作部，使其做好相关物料、设备以及人员准备，在货物到达后，能以最短时间内按计划完成货物整合。

（二）操作流程改造

项目组通过分析亚太转运中心作业的实际情况，在改善信息传递的基础上，对作业流程进行了整合重构，改造之后的流程图如图5-2所示。

流程改造的主要内容：

(1) 减少集装器从机坪到货站以及货站到机坪的搬运量。根据运营历史数据分析，每架飞机中有60%以上的集装器不需要进行整合，但从前的操作流程是必须将这部分的集装器转入到货站，检查以后再拖回机坪待发

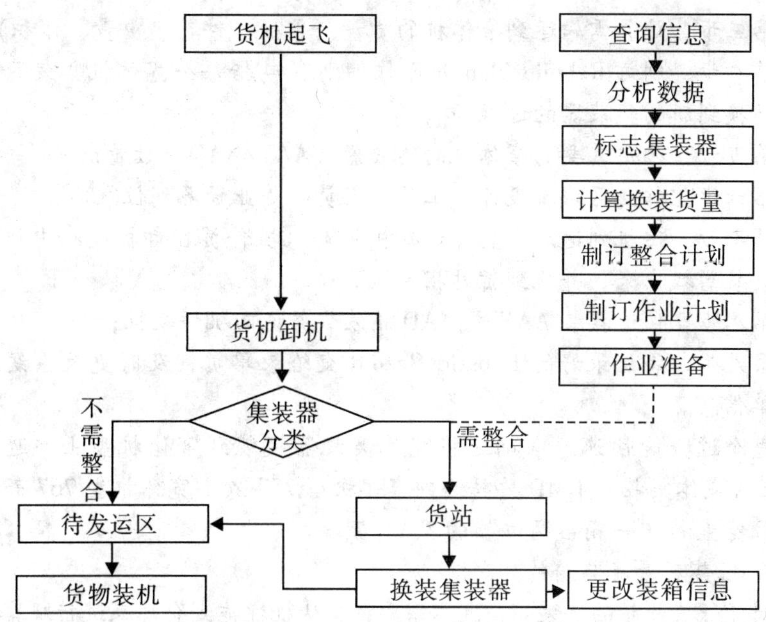

图 5－2　优化后的 Rebuild 操作流程

区；改造后的流程省却这一部分作业内容，因此可将整体搬运量减少60%，同时节省了大量的作业时间和人力资源。

(2) 增加标识集装器的环节。因是在飞机到达前完成，不影响主要作业时间。

(3) 增加了集装器分类环节。因该环节可以与卸载集装器同时进行，因此增加的操作时间不多。

(4) 减少货站检查货物的环节。改造后的流程中，转入到货站的集装器都是必须整合的，而且已做了预先安排。因此减少这一环节可节省货物操作30%的时间。

(5) 将制订整合计划、作业计划、作业准备三个环节提前到飞机到达前完成，可节省高峰期的作业量和作业时间，而且可提高后续换装作业的效率。

(三) 处理方法和操作规范

1. 从宽体机型转运到窄体机型上的宽体集装箱的处理程序

第一步，从 Compass 查询航空配载系统中记录的进出港航班机型、集装箱箱型以及装载的货物信息；

第二步，标志需要转运到窄体机的集装箱号；

第三步，计算需转运到窄体机的货量（票数、件数、重量、体积）；

第四步，制订 Rebuild Plan 和操作细则（包括每个宽体机集装器货物对应转换到新的集装器的过程）；

第五步，确定需要的窄体机的集装器（AAY/AAD）数量；

第六步，作业区域、设备、工具、人员等作业资源到位准备；

第七步，飞机到达后，直接通知机坪卸机操作员在卸机过程中把已标志的集装器找出来，并拖到货站指定区域；

第八步，快速换装 AAY 或 AAD 箱装载并拖回机坪装机；

第九步，将记录好的 Rebuild Record 交给录单员，及时更改系统上的装箱单信息。

整个过程能快速、准确地将宽体集装器换装到窄体机型上，避免了 747 上的宽体集装箱 DMD 要转运到窄体机型 757 或半宽体机型 767 而导致的舱位空置和“一箱占两位”的现象。

2. 低装载量集装箱的处理

对于低装载量的集装箱，也不需要将其从机坪拖到仓库来进行观察测量才能知道其合并可行性。首先，在进港之前就可以从航空配载系统上获知航班上所装载的集装箱箱型、重量、件数；其次是分析集装器的装载率，把装载率低的集装器、小尺寸的 AAZ/AAY 集装器以及装有重量小、件数多的货物的集装箱标出来；再次，对需要整合的货物进行重新配载，制订 Rebuild Plan。用大尺寸集装箱换装多个小尺寸集装器，把多个装载率低的集装箱整合到一个，如把 3 个容量为 6 立方米的 AAZ 合并为 1 个容量为 18 立方米的 DMD，这就节省了 2 个舱位，如果 AAZ 的装载量都只有 50%，那就可以把 6 个 AAZ 合并成 1 个 DMD，节省了 5 个舱位。航班到达转运中心后，立即通知机坪卸机操作员，把标出来的集装器拖进货站，进行快速的换装作业。小尺寸集装箱整合的成效是可观的，而且不影响航班时效。

四、实践成果

以上改进措施经亚太转运中心 Rebuild 组的实践应用，取得了巨大的成效。

（一）减少作业时间，提高作业速度

在预先取得货物、航班、集装器等信息以后，可提前做出货物的整合方案，减缓了高峰期的作业时间压力，而且整个解决方案减少了大量作业环节和作业量，减少了需要作业的时间，提高了作业的整体时效和质量。

（二）减少搬运次数和作业量，降低作业成本，提高作业效率

操作流程改造后，有大部分的不需要整合的集装器不需要从机坪转入到货站，而是直接拉到机坪待发运区，如此就减少了一次搬运次数以及搬运量。而且在货站里，只需对少量的集装器进行操作和搬运，提高了作业的效率。

（三）提高机舱装载率，降低航空运输的成本

有了充足的操作时间后，Rebuild员能对货物数据进行深入分析，发现需要整合的集装器，并能制订效率最大化的整合方案，提高了集装器的利用率，降低了运营成本。在改进措施实施后，货物整合效果由原来的每天节省1~3个舱位，提高到可节省3~8个舱位。这样每个月可为亚太转运中心节省一百多个舱位，为转运中心创造了可观的经济效益。

在国际航空货运快速发展的今天，国际航空物流业务量比重越来越高，运营成本也随之不断上升，如何提高国际航空货运机舱利用率已成为业界最为关注的核心问题之一。本项目通过一年多的研究，解决了国际航空快递物流界共同存在的机舱浪费导致成本过高的问题，该解决方法对业内具有重大参考价值。

四、企业实践考核与评价

企业实践考核要以《物流师国家职业资格标准》为基础，结合企业岗位要求对职业能力、工作业绩以及职业道德进行考核评价，采用校企合作的双评价模式，并以企业评价为主。考核评价工作由物流技师工作站校企合作评价工作小组组织实施。依据物流预备技师企业实践培养方案，企业实践考核与评价内容应包括两个方面。

（一）企业岗位工作实践考核

物流预备技师企业岗位工作实践考核以岗位工作业绩为主，学生在站进行顶岗实习，通过日常岗位工作获取专业能力和专业知识。其考核评价由企业依据岗位要求、工作业绩进行，评价核心为工作完成情况，突出工作业绩。一般采用月度考核为主的过程化考核方法，以《物流预备技师在站培养手册》为过程化考核工具，对职业能力、工作业绩以及职业道德和职业知识水平进行考核，考核内容包括合理化建议、工作效率、工作质量、指导新员工转正人数等反映工作能力、管理能力、创新能力、指导能力等综合职业能力与职业素养的指标。因不同企业的具体情况不同，要根据各自企业实际情况核定评价指标与企业各岗位工作效率基数。下面以深圳均辉华惠国际货运物流预备技师企业岗位工作实践考核为例说明考核评价指标设计（如表5-1所示）。

表5-1 物流预备技师企业岗位工作业绩评价

姓名： 岗位：快递业务员 拟评价工种及等级：物流预备技师

评价项目	评价标准	评价依据	分值	考核分	考核人
基本要求（指被评价者参评相应职业技术等级须具备的知识、技术和能力等基本条件）	1. 职业守则 热爱岗位，忠于职守；遵纪守法，尊师爱徒；讲求信誉，公平竞争；关心企业，善待顾客；热情服务，勤于思考；实事求是，注重调研；严于律己，认真负责；勇于开拓，善于创新（职业守则不能参评） 评价期内出勤率100%，该项得10分 评价期内出勤率98%~100%，该项得8分 评价期内出勤率96%~98%，该项得6分 评价期内出勤率低于96%，工作业绩评价不合格 有效投诉记录达到2次或以上的，工作业绩评价不合格 严重违纪次数为1次或以上的，工作业绩评价不合格 一般违纪次数为2次或以上的，工作业绩评价不合格	考勤表的投诉记录及违纪情况	10		

（续上表）

评价项目	评价标准	评价依据	分值	考核分	考核人
	2. 快递业务岗位培训考试 笔试，满分10分	快递业务基础知识、社交礼仪要求、相关法律法规、工作岗位职责、工作规范等	10		
工作业绩 （指被评价者在工作中取得的业绩和成果，包括所完成的主要工作项目、成果、现场解决技术问题的情况、工作效率和产品质量、工作态度、与人合作等方面的情况） （注释：工作效率比率是取企业同等岗位一般员工的工作效率为基数，被评价员工的工作效率除以基数得到工作效率比率）	1. 工作（产品）质量 评价期内差错率为0，该项得30分 评价期内差错率为1%以内，该项得25分 评价期内差错率为1%～2%，该项得20分 评价期内差错率为2%以上，工作业绩评价不合格	质量管理、评价记录、系统电子记录	30		
	2. 工作效率 评价期内工作效率比率大于110%，该项得30分 评价期内工作效率比率在100%～110%，该项得25分 评价期内工作效率比率在90%～100%，该项得20分 评价期内工作效率比率为90%以下，工作业绩评价不合格	各岗位确定工作效率基数（由系统记录或企业工作效率或工作量评价历史记录中位线数据决定），被评价者工作效率可由系统电子记录或通过技能实操考核体现，如快递实操考核设定考核内容（打字、制单、查验、包装、客服、市场拓展等），制定考核标准，考核实操质量与速度，获得评价者工作效率	30		

（续上表）

评价项目	评价标准	评价依据	分值	考核分	考核人
工作业绩（指被评价者在工作中取得的业绩和成果，包括所完成的主要工作项目、成果、现场解决技术问题的情况、工作效率和产品质量、工作态度、与人合作等方面的情况）（注释：工作效率比率是取企业同等岗位一般员工的工作效率为基数，被评价员工的工作效率除以基数得到工作效率比率）	3. 合理化建议 评价期内提交合理化建议并被采纳 1 条及以上，该项得 10 分，否则该项不得分	合理化建议文件复印件及企业实施该合理化建议的文件复印件或者项目实践研究报告应用效果评价复印件和项目研究报告复印件，复印件加盖公章并验原件	10		
	4. 指导新员工转正人数 评价期内指导新员工转正 3 人及以上为 5 分 评价期内指导新员工转正 2 人为 4 分 评价期内指导新员工转正 1 人为 3 分 评价期内未指导新员工转正，该项得 0 分	行政人事部门新员工指导表复印件及员工转正文件复印件，加盖公章并验原件	10		
		合　计	100		

（二）项目研究与实施考核评价

学生进入技师工作站经过轮岗实践后，初步提出项目选题方向，经过企业导师和学校导师与学生进行项目选题研讨后，将符合企业发展需要，且具备可行性的选题列为项目实践课题。课题确定后，学生承担项目研究工作，接受企业学校双导师指导，完成课题研究。课题研究完成后必须经过企业项目实践课题成果评估后才能进行项目实践报告综合评审及答辩，获得项目研究评价成绩（如表 5－2 所示）。

表 5－2　研究报告评审与答辩评价

班级：　　　　　姓名：　　　　　学号：　　　　　指导教师：

<table>
<tr><td rowspan="6">研究报告撰写</td><td colspan="2">评定项目</td><td>满分（分）</td><td>实际成绩（分）</td></tr>
<tr><td colspan="2">1. 选题价值和难易度</td><td>10</td><td></td></tr>
<tr><td colspan="2">2. 规范性、逻辑性、结构性</td><td>10</td><td></td></tr>
<tr><td colspan="2">3. 综合运用专业知识分析和解决实际问题</td><td>20</td><td></td></tr>
<tr><td colspan="2">4. 独创性及应用价值</td><td>10</td><td></td></tr>
<tr><td colspan="2">小　计</td><td>50</td><td></td></tr>
<tr><td rowspan="7">研究报告答辩</td><td rowspan="3">答辩问题</td><td colspan="3">1.</td></tr>
<tr><td colspan="3">2.</td></tr>
<tr><td colspan="3">3.</td></tr>
<tr><td colspan="2">评定项目</td><td>满分（分）</td><td>实际成绩（分）</td></tr>
<tr><td colspan="2">1. 陈述情况</td><td>20</td><td></td></tr>
<tr><td colspan="2">2. 答辩情况</td><td>30</td><td></td></tr>
<tr><td colspan="2">小　计</td><td>50</td><td></td></tr>
<tr><td colspan="3">总　分</td><td colspan="2"></td></tr>
<tr><td rowspan="2">答辩委员签字</td><td colspan="2">研究报告撰写</td><td colspan="2">研究报告答辩</td></tr>
<tr><td colspan="2">年　　月　　日</td><td colspan="2">年　　月　　日</td></tr>
</table>

五、物流预备技师企业实践案例——深圳均辉华惠国际货运有限公司技师工作站物流预备技师培养

案例 8　深圳均辉华惠国际货运有限公司技师工作站物流预备技师培养

深圳均辉华惠国际货运有限公司主要经营国际快件、国际专线、内地到香港及澳门特别行政区的快件和货物等，向全国客户和代理提供“一个

平台、两张网络、多条渠道”的国际快递服务。一个平台即先进的快件信息追踪查询平台；两张网络即国内、国际分拨和派送网络；多条渠道即整合国内和国际知名的、效率高的和服务好的速递企业资源，利用他们的渠道，供公司所有客户和代理使用。

深圳均辉华惠国际货运有限公司与深圳技师学院已经建立了长达8年的校企合作关系，双方在物流专业建设、教材开发、企业员工培训、毕业生实习就业、技能培训、企业实践项目方面有着深入的合作。自2009年深圳均辉华惠国际货运有限公司与深圳技师学院合作建立技师工作站以来，已有2007、2008、2009级物流预备技师班学生进站，累计在站培养物流预备技师班学生21名。目前，2007、2008级物流预备技师班15名学生已完成技师工作站培养阶段的企业实践，顺利出站，其中大多数学生已成为企业的专业技术骨干和基层业务管理人员，13名毕业生已通过物流师职业技能鉴定考核，获得国家物流师职业资格证书。2012年12月，该公司被深圳市政府确定为校企合作评价高技能人才试点单位。

深圳均辉华惠国际货运有限公司技师工作站是校企合作培养物流预备技师的成功示范，在物流预备技师培养的过程中，企业领导重视、组织严密、目标明确、计划周密、实施到位、检查反馈及时等都是该工作站物流预备技师培养成效显著的原因。

1. 企业领导重视，校企密切合作

该工作站由总经理担任物流预备技师在站培养工作领导小组的组长，公司将技师工作站定位为为企业培养基层管理干部的平台，并将技师工作站物流预备技师培养列入企业的一项重点工作。校企双方定期举行专题会议，研究解决技师工作站在物流预备技师培养过程中出现的问题。工作中严格执行“双导师”指导制度和企业项目实践制度等技师工作站管理制度。企业挑选有经验的技师担任导师，采取师傅带徒弟等多种方式培养物流预备技师。公司总经理、人事经理、部门经理亲自参与物流预备技师培养工作，企业还专门为技师工作站配备了工作室，用于物流预备技师学生培训和专题研讨。除按规定每月给学生发放助学金外，还为学生提供良好的住宿和饮食条件，为学生创造理想的工作、学习和生活环境。企业导师负责学生在企业期间的岗位技能训练、实践课题项目研究、技术攻关等指导工作。学校安排骨干专业教师担当导师，负责学生的心理咨询、实践课题研究、研究报告撰写等指导工作，协助企业对学生进行日常管理。

2. 建立轮岗制度，明确岗位培养目标

为了落实物流预备技师培养方案，企业专门为学生研究制订轮岗计划，每个学生要经过2～3个岗位的实践锻炼。轮岗实践期间，企业导师指导学生深入学习关键岗位的关键技能，让学生学精练透，获得较高的实践能力。物流技师工作站明确导师的工作职责，导师指导学生不同于单纯的师傅带徒弟，要求导师不仅具有丰富的工作经验，而且有扎实的理论基础。指导学生在做中学、在学中做，要善于观察、善于思考、善于总结、善于改进。通过岗位实践，开展实践项目研究，让学生解决实际问题，积累工作经验，养成良好的职业素养。项目实践开始前，导师向学生宣布项目实践目标及其标准，使学生明确要求，增强学习的主观能动性。企业对每个学生轮岗实践情况进行评估，根据岗位需要并结合学生的特点确定岗位培养目标，有针对性地加以培养，使其达到相应岗位基层管理人员的综合职业能力要求。

3. 认真做好实践项目研究

物流预备技师企业项目研究采用针对工作岗位进行专题研究的形式，企业项目研究过程以企业真实项目为载体，以校企双导师指导，学生通过企业项目研究，将所学的理论知识与实践相结合，不断发现问题、分析问题、解决问题，并在实践中提高自己的综合职业能力和职业素养。学生在技师工作站半年后，在导师的指导下，进行选题研讨、立项。每一个研究项目都是针对实际工作展开，项目课题由学生根据生产实际提出初步方案并上报导师，导师初审上报后，由技师工作站工作领导小组审核，审核选题的主要标准为项目课题是否符合企业发展需要，是否解决了企业的生产与管理问题。项目经审批立项后，在校企双导师指导下，学生要制订明确、清晰、可行的项目研究工作进度计划。导师每周在固定时间指导学生开展项目研究工作，定期对学生课题研究的进度和工作内容、阶段成果进行检查，以便了解课题取得的成果及存在的问题，及时给出指导意见，保证研究工作顺利进行。预备技师实践项目研究成果得到企业的高度评价，很多研究成果已被企业应用到实际工作中，例如“如何优化国际快递业务操作流程”的课题实施后，既降低了成本，又提高了服务时效。

4. 加强物流预备技师在站培养的跟踪管理

校企经过协商，确定项目实践指导时间，通过双导师每周在固定时间的指导，保障预备技师在站培养质量。企业在生产实践中采取多种形式，安排学生参与企业技术攻关和技术创新等活动，参与解决生产过程中遇到的技术难题。导师每月对学生的在站培养手册月度报告进行审核并填写每月的情况跟踪评语，每月底对预备技师在站培养工作进行检查、反馈，总结经验，发现不足，提出改进方案。实践项目研究采用专题研究的形式，结合企业的实际需求，导师指导学生在规定时间内完成项目课题研究。项目课题成果经企业实践且应用效果评价通过后，可进入项目研究报告评审与答辩环节，由企业领导、企业导师、学校导师组成答辩委员会进行评审与答辩；学生通过项目研究报告评审与答辩后，结束物流预备技师的在站培养。对在站培养学生的考核评价是由企业给出工作业绩评价（占50%），由答辩委员会给出项目研究报告及答辩成绩（占50%）。

下面以2007级物流预备技师班学生在深圳均辉华惠国际货运有限公司预备技师工作站培养过程为例说明学生在企业实践的过程（如表5－3所示）。

表5－3　深圳均辉华惠国际货运有限公司预备技师工作站在站学生培养过程

姓名	轮岗实践			定岗	研究项目	企业对完成项目的评价	项目报告答辩	毕业后的岗位及薪资（元）
	岗位1	岗位2	岗位3					
王辉	UPS渠道操作员	DHL渠道操作员	FedEx渠道操作员	操作领班	如何优化国际快递业务操作流程	结合快递运作情况，分析操作流程设置与岗位分工、软件设备、工作责任心与态度、工作能力等方面的问题，提出提高操作效率、降低差错率的解决方法，即差错倒追机制，制定岗位操作标准，加强员工培训工作，提出指导员工练功以提高技能水平的解决方案。 成果已被应用，并取得了较好效果。经操作部门评估：效率提高30%，人工成本降低10%，对于国际快递操作及管理有一定的借鉴和指导意义	优秀	主管 5 500

（续上表）

姓名	轮岗实践			定岗	研究项目	企业对完成项目的评价	项目报告答辩	毕业后的岗位及薪资（元）
	岗位1	岗位2	岗位3					
姚仕可	操作员	市场部业务员	客服员	客服领班	国际快递客户服务问题解决与优化	有关建议措施得到公司高度重视，已被研究和应用，并取得了较好的效果。经部门评估，客户满意度在原有基础上提高10%	优秀	客服经理 5 000
蒋平	UPS渠道操作员	DHL渠道操作员	FedEx渠道操作员	市场领班	如何优化国际快递代理操作	结合快递运作情况，分析生产人员调配问题、问题件处理问题，提出组建货量高峰项目小组，招聘高质量人才以解决人员调配问题、问题件的统一解决和及时与客户沟通，并对国际快递代理操作提出了优化意见。经部门评估应用后，效率提高15%	优秀	市场助理 5 000
刘文芳	单证员	市场部业务员	客服员	操作领班	如何提高快递业务单证操作效率	结合快递运作情况，分析国际快递单证操作流程问题、国际快递单证操作差错率高的问题，提出合理调配人员、建立培训机构、组织培训小组、审核与单证处理不同步问题的解决方案。应用后取得较好效果，效率提高20%	合格	操作领班 5 000

（续上表）

姓名	轮岗实践			定岗	研究项目	企业对完成项目的评价	项目报告答辩	毕业后的岗位及薪资（元）
	岗位1	岗位2	岗位3					
何倩文	单证员	市场部业务员	客服员	客服领班	国际快递客户服务分析与整改	结合快递运作情况，分析国际快递客户服务问题，提出分析与整改方案。经部门评估应用后，客户满意度提高5%，效率提高10%	合格	客服经理5 000

参考文献

一、政策文件

1. 国务院关于大力发展职业教育的决定（国发〔2005〕35 号）.

2. 教育部、财政部关于实施国家示范性高等职业院校建设计划 加快高等职业教育改革与发展的意见（教高〔2006〕14 号）.

3. 关于进一步加强高技能人才工作的意见（中办发〔2006〕15 号）.

4. 教育部关于全面提高高等职业教育教学质量的若干意见（教高〔2006〕16 号）.

5. 关于印发新技师培养带动计划的通知（劳社部发〔2006〕16 号）.

6. 关于推动高级技工学校技师学院加快培养高技能人才有关问题的意见（劳社部发〔2006〕31 号）.

7. 关于印发高技能人才培养体系建设“十一五”规划纲要的通知（劳社部发〔2007〕10 号）.

8. 教育部关于印发《高等职业院校人才培养工作评估方案》的通知（教高〔2008〕5 号）.

9. 国务院办公厅关于促进物流业健康发展政策措施的意见（国办发〔2011〕38 号）.

10. 国家高技能人才振兴计划实施方案（人社部发〔2011〕109 号）.

二、专著

1. 毕结礼. 技师培养课程开发探索与实践. 北京：中国劳动社会保障出版社，2007.

2. 石伟平，徐国庆. 职业教育课程开发技术. 上海：上海教育出版社，2006.

3. 中国物流与采购联合会. 中国物流年鉴 2007. 北京：中国物资出版

社，2007.

4. 中国物流与采购联合会．中国物流年鉴2008. 北京：中国物资出版社，2008.

5. 中国物流与采购联合会．中国物流年鉴2009. 北京：中国物资出版社，2009.

6. 广东省职业培训和技工教育协会．现代技工教育体系研究与实践．广州：广东科技出版社，2012.

7. 郑志军，资道根．物流信息管理实务．深圳：海天出版社，2005.

8. 郑志军，阮清方．物流配送业务与管理．北京：中国劳动社会保障出版社，2012.

9. 崔丽芳，邓啸．国际货代业务操作．北京：机械工业出版社，2013.

10. 刘东卫．运输业务操作及管理．北京：机械工业出版社，2014.

三、期刊论文

1. 郑志军．物流管理专业建设的研究与实践．物流技术，2012（5）.

2. 郑志军，崔丽芳．项目课程改革的教学实施研究．高等职业教育，2012（5）.